[シリーズ] 3
統計科学のプラクティス
小暮厚之・照井伸彦 [編集]

マーケティングの統計分析

照井伸彦
ウィラワン・ドニ・ダハナ
伴 正隆
[著]

朝倉書店

はじめに

　本書は，現代のマーケティングを学んで実際に分析したいと考えている大学生，大学院生および社会人の実務家に向けて書かれたテキストである．本書の最大の特徴は，マーケティングの各局面で使われている統計モデルを包括的に取り上げて平易に解説している点，および様々な分野で急速に展開されているベイズモデリングを利用した One to One マーケティングの分析ツールを取り上げている点にある．さらに，主要なモデルでは，統計分析ソフト R を用いて，読者が追体験できるようになっていることも特徴である．

　マーケティングが扱う問題は，ブランドや広告など日常生活に身近なものであるが，マネジメントで求められる解決策を得るのは容易ではない．消費者がブランドを選択して購買するプロセスを理解するためには，価格や売り場の状況ばかりでなく，消費者の心理やライフスタイルなどの社会関係，個人の嗜好などを考慮する必要がある．このように，様々な背景を考慮する必要があるため，マーケティングで展開されている議論は幅広く，利用される学問分野は広範である．したがってマーケティングは，統計科学をはじめ，経営学や経済学ばかりではなく，心理学，社会学，工学など幅広い領域の成果を駆使する応用科学であるといえる．

　一般に，マーケティングの問題に対し，データに基づいた科学的手法を用いてマネジリアルな観点から分析するアプローチは，マーケティングサイエンスと呼ばれている．マーケティングサイエンスにおいて，統計モデルは中心的な役割を果たしている．本書はこのマーケティングサイエンスの立場からの議論を展開している．具体的には，マーケティングの定義や，学問としての守備範囲から始め，自身が新事業を展開しようとする際に求められるマーケティングの諸問題を時系列的に区分して，それぞれの中で使われる分析モデルを解説し

ている．

　著者の３人は，指導教官（照井）および元大学院生（ダハナ，伴）として切磋琢磨した関係であり，同時に，いくつかの論文の共同研究者という間柄でもある．したがって，お互いの意思疎通は十分である．本書の執筆に際し，各自の研究領域の関係性から担当を決め，同時に項目や内容の検討を行った．その後，各自が原稿を持ち寄って内容の検討を重ね，照井が全体の調整を行った．

　担当箇所は，下記のとおりである．

　　照井伸彦：第1章，第2章 2.2.1〜2.2.4 項，第4章 4.1節，4.3〜4.4節，第5章
　　ウィラワン・ドニ・ダハナ：第2章 2.1節，2.2.5項，第4章 4.2.5〜4.2.6項，第6章，第7章
　　伴 正隆：第3章，第4章 4.2.1〜4.2.4項

　現代のマーケティングを取り巻く環境の特徴は，市場に関する情報（データ）が豊富に溢れていることである．POSデータや消費者パネルデータ，さらに近年の，店舗のメンバーシップ顧客によるトラッキングデータなどは，その代表的なものである．現代の市場取引きでは，自動的に瞬時に収集されるヒトとモノのマイクロな大量情報からマネジメントに有用な知識を抽出して，効率性の高いマーケティングを行うことが求められている．

　これは従来のマーケットセグメンテーションという消費者異質性の考え方を高度化し，消費者に対して適切に個別対応することを意味している．つまりマーケティングの現代的課題は，平均的消費者や大雑把なセグメンテーションではなく，それをさらに突き詰めて，顧客ごとに嗜好や購買行動を理解して，個別にマーケティングを行うカスタマイゼーション（個別対応）である．またモノについても，POS情報などから得られる商品ごとの販売情報から，より細かいSKU（在庫管理単位）レベルでの需要予測や商品管理が求められる．いわばヒトやモノに関する大量データの処理がキーワードであり，そこでは個別の問題を上手にモデル化してデータを分析するプロセスが重要となる．

　他方，マーケティング分野で統計モデリングができる人材を企業内で確保するのは難しいのが実情である．さらに，統計や数学を敬遠しがちな文系学部を中心にマーケティングの教育が行われていることや，欧米と異なり大学で統計

学部を持たないことなどから，これらの人材の供給源も限られているのが現状である．このため，市場調査やコンサルティングの分野では主に外資系企業の活躍が目立つ．

　他分野からの参入というのは難しいように見えるが，マーケティングの目的は，利益，売上げ，シェアなどの最大化ならびに経営資源の効率的利用など，わかりやすいものである．本書を通じて統計科学とマーケティングの垣根が取り払われ，これらに興味を抱く人が1人でも増えてくれることを望む．

　本書の上梓に際し，朝倉書店編集部にお世話になった．厚く御礼を申し上げたい．

　2009 年 8 月

照 井 伸 彦

目　次

1. マーケティングマネジメントと意思決定モデル 1
   1.1 マーケティングの現代的課題 1
       1.1.1 マーケティングとは何か 1
       1.1.2 マーケティングの市場データ 1
       1.1.3 マーケティングと統計モデル 3
       1.1.4 現代マーケティングの課題 4
   1.2 本書の構成 6

2. 市場機会と市場の分析 7
   2.1 市場機会の発見 7
       2.1.1 市場機会の発見と評価 7
       2.1.2 内部環境分析 9
       2.1.3 市場プロファイル分析 10
   2.2 市場構造分析 11
       2.2.1 市場の定義 11
       2.2.2 交差価格弾力性 12
       2.2.3 因子分析と知覚マップ 14
       2.2.4 サブマーケットと市場構造 20
       2.2.5 市場レベルの競争構造モデル (Prodegy モデル) 21

3. 競争ポジショニング戦略 (STP) 28
   3.1 STP の重要性 28

3.2 マーケットセグメンテーション 29
　3.2.1 定義と目的 29
　3.2.2 セグメンテーションの方法と必要条件 29
　3.2.3 セグメンテーションの基準 30
　3.2.4 アプリオリセグメンテーション（AID 分析） 32
　3.2.5 クラスタリングによるセグメンテーション（クラスター分析） 36
3.3 ターゲティング 42
　3.3.1 市場の競争要因 42
　3.3.2 ターゲティング戦略 43
3.4 ポジショニング 44
　3.4.1 定義と目的 44
　3.4.2 知覚マップ 44
　3.4.3 属性データと類似度データ 45
　3.4.4 因子分析によるポジショニング分析 46
　3.4.5 計量 MDS によるポジショニング分析 50
　3.4.6 非計量 MDS によるポジショニング分析 53
　3.4.7 選好分析 55

4. 基本マーケティング戦略 62
4.1 価格決定 62
　4.1.1 経済学アプローチ 62
　4.1.2 マーケットシェアの弾力性 65
　4.1.3 戦略論的アプローチ 71
　4.1.4 心理学的アプローチ 72
4.2 プロモーション 75
　4.2.1 プロモーションの定義と分類 75
　4.2.2 広告の概念 77
　4.2.3 広告計画策定プロセス 77
　4.2.4 広告効果測定モデル 85
　4.2.5 セールスプロモーション 90

4.2.6　セールスプロモーションの効果 ·· 92
　4.3　流　　　通 ··· 102
　　　4.3.1　流通と商圏のモデル ·· 102
　　　4.3.2　モデルの推定 ··· 104
　4.4　製品戦略 ··· 104
　　　4.4.1　プロダクトポートフォリオマトリックス ··· 105
　　　4.4.2　コンジョイントモデルと新製品開発 ·· 106
　　　4.4.3　PLC とプロダクトマネジメント ··· 113

5. 消費者行動のモデル ··· 117
　5.1　消費者の効用関数 ·· 117
　　　5.1.1　マーケティング戦略と消費者の効用 ·· 117
　　　5.1.2　直接効用と間接効用 ··· 118
　　　5.1.3　効用最大化原理とブランド選択確率 ·· 119
　5.2　ブランド選択モデル ··· 120
　　　5.2.1　ロジットモデル ··· 120
　　　5.2.2　プロビットモデル ·· 123
　　　5.2.3　ブランド価値を含むモデル ·· 125
　　　5.2.4　多項ブランド選択モデルの識別性条件 ··· 126
　5.3　異質な消費者の行動モデル ·· 128
　　　5.3.1　異質な消費者とベイズモデリング ··· 128
　　　5.3.2　ベイズの定理と推測の基礎 ·· 129
　　　5.3.3　事後分布の評価：モンテカルロ法 ··· 132
　　　5.3.4　回帰モデルのベイズ推測 ··· 136
　　　5.3.5　潜在変数とプロビットモデルのデータ拡大 ······································· 137
　　　5.3.6　異質ブランド選択モデル——階層ベイズモデル ································ 143
　付録：切断正規分布と乱数発生 ·· 148

6. 製品の採用と普及 ·· 151
　6.1　新製品の種類 ··· 152

- 6.2 新製品の採用 ……………………………………………… 152
  - 6.2.1 新製品の採用プロセス …………………………… 152
  - 6.2.2 新製品の採用時期 ………………………………… 153
  - 6.2.3 バスモデル ………………………………………… 155
  - 6.2.4 データと推定 ……………………………………… 156

7. 顧客関係性マネジメント ……………………………………… 160
- 7.1 顧客関係性マネジメント (CRM) の概念 …………………… 160
- 7.2 顧客生涯価値 ………………………………………………… 161
  - 7.2.1 顧客生涯価値の概念 ……………………………… 161
  - 7.2.2 顧客生涯価値の測定 ……………………………… 162
- 7.3 RFM 分析 …………………………………………………… 165
  - 7.3.1 RFM 分析の概念 …………………………………… 165
  - 7.3.2 ANOVA による RFM 分析 ………………………… 166
- 7.4 新規顧客の獲得と維持 ……………………………………… 171
  - 7.4.1 新規顧客の獲得戦略 ……………………………… 171
  - 7.4.2 顧客の維持戦略 …………………………………… 174
- 7.5 追加販売 ……………………………………………………… 175
  - 7.5.1 追加販売の概念と戦略 …………………………… 175
  - 7.5.2 追加販売の分析 …………………………………… 177

索 引 ……………………………………………………………… 181

1 マーケティングマネジメントと意思決定モデル

1.1 マーケティングの現代的課題

1.1.1 マーケティングとは何か

マーケティングのアプローチは様々であり,非常に幅広い領域である.隣接科学としては,統計学をはじめとして経済学,経営学,心理学,社会学などがあり,それらの各種研究成果を積極的に取り入れていく応用科学であるといえる.分析の対象は市場であり,その構成要素であるヒト(消費者,顧客)とモノ(製品,ブランド)を具体的な分析対象とする.「マーケティング」とは何を対象とするものであるのかを理解しようとする際,自分がある新製品を作って販売しようとする状況を想定するとわかりやすい.

まず市場を構成する要素の1つである製品の視点からブランド間の競合状況を分析し(市場の規定),他の市場構成要素である消費者の分析(消費者セグメテーション)を通してニーズを把握する.次に製品計画を立て(製品デザイン),それを大量生産して市場展開する前に製品のテストをし(製品テスト),さらに新製品を市場に導入する際の初期のプロモーションを考える(市場導入).販売を開始してからは,製品ライフサイクル(製品には人間と同じく寿命があり,導入期,成長期,成熟期,衰退期などのライフステージが存在するという考え方)の各段階に応じたマーケティング戦略を考える(ライフサイクルマネジメント).

1.1.2 マーケティングの市場データ

情報化技術の発展は,大量市場データの出現という形でマーケティングに影

響を与えている．これはまず，1980年代以降の急速なPOS(point of sales：販売時点) システムの導入による部分が大きい．POSシステムとは，顧客が店頭でレジ精算する際，購入した商品のバーコードを光学的装置のスキャナーで読み取って売上げ計算をするのと同時に，商品ごとに価格と数量の情報をコンピュータへ蓄えるものである．また，これに加えて販売時点の天候，気温，湿度などの外的販売条件や，小売，メーカーのプロモーション実施の有無に関する情報も同時に記録される．

これらの集計データは，売上げ（結果）と，価格やプロモーションなどのマーケティング手段と外的環境の諸条件（原因）に関する情報であるので，コーザル（因果）データと呼ばれる．POSシステム導入当初は，レジでの精算時間短縮や誤入力防止などレジ精算の効率化を狙っていたが，情報化の進展とともに，販売時点の諸情報を即座に本部へ伝達できることから，受発注作業の効率化，在庫削減，ロスの減少，売れ筋商品管理に直接的に有用な情報を即座に伝えるだけではなく，店頭プロモーションや価格設定など様々な意思決定の際の重要な情報源として利用されている．

さらに近年では，店舗のメンバーシップ顧客によるトラッキングデータ（消費者別に集められた非集計データ）がある．購入者を特定せずに店舗やチェーン店で集計されるPOSデータに対して，購入者を特定化できるのでID付きPOSデータと呼ばれたり，FSP(frequent shoppers program) データとも呼ばれる．FSPは，もともと顧客の維持や管理を目的として導入されたもので，店舗で会員登録をした顧客にカードを発行し，利用金額に応じて各種特典を与えるものである．このシステムでは，入会時に消費者1人1人の情報が属性とともに企業側へ伝えられ，さらに入会後の行動データは各種購買機会ごとに瞬時に自動的に企業側に送られることになる．

このPOSデータやFSPデータなど，企業が有する情報は情報化の進展とともに急激に増大しており，これらの大規模データからマネジメントに有用な情報を取り出してマーケティングの意思決定をすることが経営競争戦略上の急務である．マーケティング研究および実務の世界では，標本抽出法に代表される市場調査などのこれまでの統計学との古い関わり方をはるかに超えて，多変量解析や時系列モデルの応用，マルコフ連鎖モンテカルロ法(MCMC) を用いた

ベイズ統計分析が盛んに行われている．

1.1.3 マーケティングと統計モデル

これら各ステップにおいて使われる統計的モデリングとデータの種類を整理すると，図1.1のようになる．

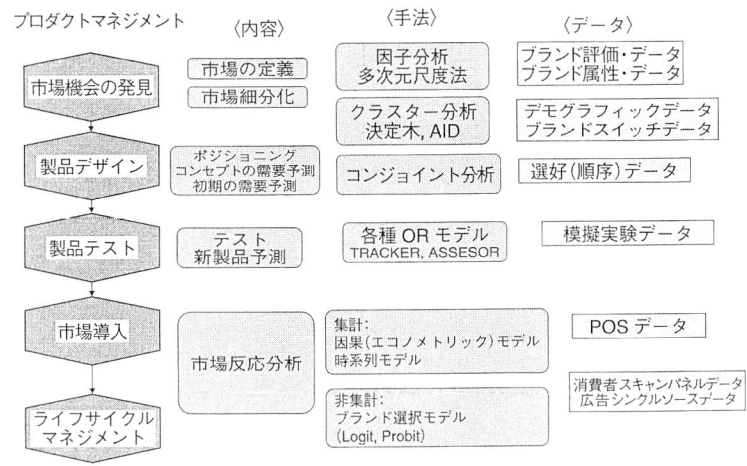

図 1.1 マーケティングのモデルおよびデータの例

まず「市場機会の発見」においては市場の規定および消費者セグメンテーションを内容とし，ブランド属性・評価データ，デモグラフィックデータ，ブランドスイッチデータなどに対して，因子分析，多次元尺度法，クラスター分析，決定木，AID (automatic interaction detector) などが適用される．

次に「製品デザイン」では，ポジショニング，コンセプトの需要予測，初期の需要予測などを内容として，調査対象となる消費者の選好順序データに対してコンジョイント分析などが応用される．さらに「製品テスト」，「市場導入」を経て「ライフサイクルマネジメント」を通じ，自ブランドの各種マーケティング戦略の効果を把握するために市場反応分析が行われる．

この市場反応分析の一般的な枠組みでは，マーケティングは戦略の4つのP：product（製品），price（価格），promotion（プロモーション），place（流通）

を制御変数として，目的変数である売上げ，利益，マーケットシェアなどの最適化を計画するものと定義される．ここで，最後の place については，本来は chanel（チャネル）あるいは distribution（ディストリビューション）が用いられるが，すべてを P に合わせるために，モノをある場所から別の場所に移していくという意味で place（場所）という言葉を使っている．これらの関係は，市場反応関数として次のように表現される．

$$売上げ = f（製品，価格，販売促進，流通）$$

この市場反応関数は，市場データの種類に応じて 2 つに類型化できる．

1 つは POS データなどのように，売上げなどを各店舗やチェーン店で集計したデータ（集計データ）であり，店舗でレジ精算するときに，商品のバーコードをスキャンして同時に集められる情報である．回帰モデルや時系列モデルなどが典型的な統計モデルとして使われる．

2 つ目は非集計データである．これは，特定の消費者パネルがどのブランドをどういう状態のときに選択したかというブランド選択行動の記録であり，この消費者の選択行動を表現する離散データを目的変数とするブランド選択モデルが，最も使われる手法である．

1.1.4 現代マーケティングの課題

合理的に行動する代表的な消費者が市場に 1 人いることを仮定し，その合理的行動原理を材料としてモデルを組み立てていく経済学に対して，マーケティングでは個々の消費者は異質であると理解するところからスタートする．したがって，市場を細かく観察して消費者を細分化し，各セグメントの理解を通して様々な戦略を考える．細分化の方法は，発展段階に沿って次の 3 段階に大きく分けられる．

1) マスマーケティング：広告などにより，すべての消費者に一様にアプローチする．
2) セグメンテーション：年齢や性別，地域などのデモグラフィック情報を用いて消費者を複数のセグメントに分類して，別々にアプローチする．
3) One to One マーケティングと CRM：異質性を究極まで高めて 1 人 1 人

の消費者に個別にアプローチする．

現代の市場取引では，ヒトとモノのマイクロな大量データが自動的に瞬時に収集される環境にあり，この情報からマネジメントに有用な知識を抽出して，消費者ごとに個別にアプローチすることが，他企業に対する競争優位を獲得するための重要な源泉として捉えられている．つまりマーケティングの現代的課題は，平均的消費者や大雑把なセグメンテーションをさらに突き詰めて，顧客ごとに嗜好や購買行動を個別に理解することである．またモノについても，POS情報などから得られる商品ごとの販売情報から，より細かいSKU（在庫管理単位）レベルでの需要予測や商品管理が求められる．したがってOne to Oneマーケティングあるいは個を標的にするターゲットマーケティングの考え方が，現在強く求められているものである．

また現在の日本や欧米などの成熟した市場経済においては，新規顧客の獲得にかかるコストが大きいことや，「パレート法則」として知られる「自社が抱える顧客の2(1)割が利益の8(9)割をもたらす」という経験則から，既存顧客との関係性を重視した顧客関係性マネジメント（CRM：customer relationship management）というマーケティングの考え方が広まってきている．具体的な実践方法として，顧客が長期的にもたらすであろう価値を顧客生涯価値（CLV：customer lifetime value）として購買履歴データから割り出し，これに基づいて顧客1人1人に対して現在支出すべき最適なマーケティングコストを算出し，個人の顧客ベースで最適化して長期にわたる戦略の合理性を確保しようとするものが提案されている．

さらに別の視点では，インターネットによるeコマースの進展がある．eコマースによるマーケティング活動に関する情報は，売上げの成果とともに瞬時かつ正確に企業に伝達され蓄積される．それに伴い，これまで難しいといわれてきた広告や販売促進などのマーティング戦略の効果測定が評価可能となった．これを背景として，通常のビジネスにおいても効果を説明する必要性が増し，これまで不透明なものとして非難されてきたマーケティング支出に対するアカウンタビリティが企業側に求められ，マーケティングの効果を「可視化」して客観的に測定してみせる必要性が生まれている．

これらの目的を達成する際に前提となるのが前述の大量データであり，分析

ツールとしての統計モデルである.

1.2　本書の構成

　本書は,上述のアウトラインと背景に従って,マーケティングの基本的な考え方を,各局面で利用される標準的な統計モデルを中心に据えながら解説する.
　具体的には,まず,市場機会の発見と市場構造分析において,各種の市場の定義を背景として,知覚マップや競争構造を特定化する Prodegy モデルなどを利用して議論する.次にマーケットセグメンテーション,ターゲティング,ポジショニングを内容とする競争ポジショニング戦略では,AID,クラスター分析,多次元尺度法 (MDS),消費者の選好を知覚マップに重ねるジョイントスペースマップなどを紹介する.さらに基本マーケティング戦略では,4つのP:価格決定 (price),プロモーション (promotion),流通 (place),製品戦略 (product) がそれぞれ議論される.価格決定では価格弾力性の測定モデル,プロモーションでは広告や販売促進の効果測定モデル,流通では商圏を決定するハフモデル,製品戦略ではコンジョイントモデルなどが説明される.つづく消費者行動のモデルでは,消費者のブランド選択行動を分析するロジットモデル・プロビットモデルについて説明し,そこでは消費者個別の分析を可能とするベイズモデリングも解説する.製品の採用と普及では,普及プロセスを記述するバスモデルを取り上げる.さらに顧客関係性マネジメント (CRM) では,顧客生涯価値測定モデル,RFM 分析,顧客獲得,顧客維持,追加販売に関するモデルなどが議論される.
　本書は,マーケティングで扱われる各種の統計モデルをできるだけ包括的に扱い,それぞれをやさしく記述することを心がけた.また近年のマルコフ連鎖モンテカルロ法を用いたベイズ統計の発展を背景として,各顧客の個別の市場反応を測定する異質ブランド選択モデルに紙面を割き,現代マーケティングで求められる統計モデリング技術を解説しているところにも特徴がある.さらにフリーの統計分析ソフト R を使った分析例を各章の随所に配置してある.読者はこれにより,マーケティング分析の追体験が可能である.

2 市場機会と市場の分析

2.1 市場機会の発見

　マーケティングとは，消費者のニーズや要求を満たすために製品・サービスを提供する活動である．ニーズとは消費者の持っている期待と現実との間のギャップであるが，企業の立場から考えればニーズの存在こそが市場機会である．企業が消費者のニーズを正確に把握し，それを満たすための製品・サービスを提供することができれば，市場から利益を取得することができる．市場機会の発見は企業のマーケティング活動の出発点であり，重要なプロセスである．この段階で市場機会が充分に魅力的かどうか評価をし，適切な製品・サービスを市場に送り出す．特に企業が複数の市場機会に直面した場合には，限られた資源を効率的に活用するためにそれぞれの機会の魅力度を測定し，最も魅力的なものを選択し，資源を投入しなければならない．また，もう1つ重要なのは，市場機会と自社の能力の適合度である．いくら魅力的な市場機会でも，それを活用するための能力を備えていなければ成功することはできない．本節では企業の成長に欠かせない市場機会の発見・評価・選択について議論する．

2.1.1 市場機会の発見と評価
　一般的に市場機会を発見することは容易ではない．すでに述べたように，市場機会を発見するということは消費者のニーズを発見することを意味する．近年では消費者のニーズが多様化し絶え間なく変化しているため，消費者のニーズを捉えるためには，より詳細な情報を継続的に収集し分析する必要がある．
　消費者のニーズを発見するには，まずニーズの発生原因を理解しなければな

らない.ニーズの発生原因は以下のとおり,いくつか挙げることができる.
 1) 既存製品に対する不満
 2) 使用状況の変化
 3) 商品の購入による新たなニーズの発生
 4) 生活環境やライフスタイルの変化

 1)は,例えば消費者が持っている製品が古くなり,性能がだいぶ低下したため新しい製品が欲しくなるという場合である.2)は,撮影場面に応じて使用するレンズが異なる一眼レフカメラのような場合である.3)は,消費者がある製品を購入することによって他の製品に対するニーズが発生する場合である(例えばプリンタを買ったらプリンタのインクが必要になるなど).4)は,生活環境やライフスタイルの変化によって,今まで必要のなかった製品が必要になる場合である(例えば子供のいなかった夫婦に子供が生まれ,ベビー用品を買わなければならなくなるなど).

 市場機会を発見するには様々な方法がある.最も簡単な方法は消費者に直接尋ねることである.消費者が今どんな問題認識を持っているかを尋ねることによって,消費者の抱えているニーズを抽出することができる.一般的な方法としては,深層面接やグループインタビューなどのマーケティングリサーチの手法がある.ただし,消費者に直接尋ねても消費者のニーズに関する完全な情報を得ることは難しい.消費者のニーズが無意識の中に潜んでいたり,消費者がニーズを正確に伝達できなかったりするという場合があるからである.他の方法として,自社営業担当者の持っている情報をもとに市場機会を発見する場合もある.自社営業担当者は販売店や顧客と直接取引きを行うことが多く,販売店の状況や消費者の選好動向など市場機会の発見に役立つ情報を持っている.また,新しい原材料を開発する供給業者や,新しい市場を開拓する競合他社から市場機会がもたらされることもある.

 企業は市場機会を利益に転換するために膨大な資源を投資しなければならない.したがって,企業は投資する前に市場機会の魅力度を充分に検討しなければならない.そのために魅力度の評価基準を明確にしなければならない.Urban, et al. (1993)は以下のように,市場機会魅力度の評価基準をいくつか挙げている.

1) 市場ポテンシャル：市場規模，市場の成長率
2) 参入条件，参入コスト
3) 経験効果
4) 競争環境：競合度，価格競争の可能性，参入・退出コスト
5) 予想投資額
6) 期待収益
7) リスク：市場機会の発見におけるリスク，製品の設計とテストにおけるリスク，市場におけるリスク

　市場機会の魅力度を評価・選択するにあたり，以上の評価基準についてそれぞれの重要度を決める必要がある．業界によって各項目の重要度が変わってくる．重要度は，マーケティング，製造，財務の各部門で統合的に決定されるが，主観的な要素が含まれる可能性がある．既存の市場の場合には，既存の製品の過去の実績データに基づいて重要度を決定することができるが，新しい市場の場合には，各部門のマネジャーの主観的な判断によって行われる．

2.1.2　内部環境分析

　企業が成功するためには市場機会の魅力度だけではなく，自社の持っている能力の適合度（それを実現させられるか否か）も考慮しなければならない．いくら魅力的な市場機会であっても，それを具体的なオファーとして実現させる能力を持っていなければ意味がない．したがって，市場機会の魅力度と同様に，市場機会を評価・選択する際に，評価対象となる自社能力の評価項目を明確にし，それらの項目の重要度を決めなければならない．そして各項目についてマーケティング，製造，財務の各部門の間で検討し，評価を行う．

　企業が自社の能力を評価する際に対象とすべき項目として，以下の4つが挙げられる．

1) マーケティング：企業イメージ，市場シェア，顧客満足，マーケティング戦略の有効性
2) 財務：資本コスト，資金調達力，キャッシュフロー，財務の安定性
3) 製造：設備，規模の経済性，生産能力，従業員の能力，技術的製造能力
4) 組織：有能なリーダーの存在，従業員のモチベーション，企業家精神

消費者のニーズを発見し，それを満たすべく活動をするマーケティング部門においては，製品の開発，価格設定，コミュニケーション，流通に関する能力について評価する．市場機会を実現するための資金の提供を担う財務部門においては，資金調達能力，キャッシュフロー，財務の安定性を評価しなければならない．製品またはサービスの生産に責任を持つ製造部門においては，設備，生産能力，技術的イノベーションなどの能力を評価する．組織部門においても，マネージャーのリーダーシップ，従業員のモチベーション，企業家精神について評価しなければならない．

企業は各部門の持っている能力の強みと弱みを明らかにして，それを市場機会の実現に照らし合わせる．市場機会の実現にあたり，能力が不十分な部門があれば，その部門を強化しなければならない．また，強みのある部門についても，よりよい機会に対応できるように継続的に強化することを考えなければならない．

2.1.3 市場プロファイル分析

上述のとおり，市場機会の評価と選択にあたっては，市場機会の魅力度と自社能力の適合度を評価しなければならない．市場機会の評価方法として，市場プロファイル分析という方法がある．これは市場機会の魅力度と自社能力の適合度の両方を総合的に評価することにより，市場機会を評価・選択する方法である．市場プロファイル分析は具体的に以下の手順に従って行われる（図 2.1 参照）．

1) 市場の魅力度と自社能力の適合度となる評価項目を選定して，それぞれの項目について重要度またはウェイトを割り当てる．
2) 各評価項目の評価点数を決めて，その点数とウェイトを掛け合わせて，全体加重スコアを求める．
3) 当該市場機会の加重スコアが自社の基準を満たすかどうか，最終的に市場機会の選択に関する意思決定を行う．

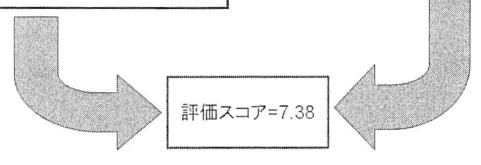

図 2.1 市場プロファイル分析

2.2　市場構造分析

2.2.1　市場の定義

マーケティング戦略策定に先立ち，市場で競合する数多くのブランドを「互いに競合する」グループに分類することは，市場の定義 (market definition) あるいは市場構造分析と呼ばれる．

ここで競合とは，消費者から見て代替性が高いものであり，代替性の指標として以下のものが考えられる．

1) 交差価格弾力性：経済学における市場の定義であり，競合ブランド間の価格変化に対する需要（売上げ）の変化分を測定して競合状況を把握する．
2) ブランドスイッチ：比較的購入頻度の高い製品に対して，消費者購買履歴からブランドスイッチ状況を測定する．ID 付き POS データに代表される消費者の購買履歴データから測定可能であり，第 5 章で解説するブランド選択モデルが代表的な手法である．
3) 強制的ブランドスイッチング：耐久財など購入頻度の低い製品や，消費者の購買履歴データが得られない場合の簡便法として，市場調査により「購入時に検討するブランド」，「もし一番購入したいブランドがなかった

ら，どのブランドを購入するか」などを調査し，これをもとに競争構造を探る．
4) 消費者の知覚によるブランドイメージの類似性：対象となるブランド群に対する消費者の評価調査を行い，因子分析により，潜在する属性軸と各ブランドの因子スコアにより属性空間上にブランドを布置する．これを知覚マップ (perceptual map) あるいはプロダクトマップ (product map) と呼ぶ．

このほか，ユーザーの類似性や使用状況の類似性も，指標として利用される場合がある．

以下では，交差価格弾力性および因子分析による知覚マップを見ていく．

2.2.2 交差価格弾力性

まず価格弾力性は，次のように定義される．

$$\eta = \frac{需要のパーセンテージ変化}{価格のパーセンテージ変化} = \frac{\frac{q_1 - q_0}{q_0}}{\frac{p_1 - p_0}{p_0}} = \frac{\Delta q_0}{\Delta p_0}\frac{p_0}{q_0} \tag{2.1}$$

ここで $(p_0, q_0), (p_1, q_1)$ は，価格 p と数量 q に関する変化前と変化後の値を意味する．この価格弾力性は，価格が 1% 変化したときに，需要量が η% 変化することを意味する量であり，価格戦略の効果を測定する上で重要なものとなる．

例：ある製品の価格が 1000 円のとき，需要量が 10 単位であった．価格を 800 円に値下げすると，需要量が 14 単位に変化した．この場合，$\eta = \frac{\frac{14-10}{10}}{\frac{800-1000}{1000}} = -2$ となり，価格が 1% 変化したときに需要量は 2% 減少することがわかる．

また弾力性は，その大きさに応じて，$\eta < 1$ のとき非弾力的，$\eta > 1$ のとき弾力的，$\eta = 1$ のとき中立的といわれる．それぞれ自己の価格変化によって売上げを制御する場合の効果の大きさを表しており，弾力性が大きい場合ほど，価格戦略は効果的となる．

またこれは価格変化に対する自己の需要量変化分を表すことから，しばしば自己価格弾力性と呼ばれ，次で定義する交差弾力性（自己の価格変化に対する

競合相手の需要量変化を規定する）とは区別される．

交差弾力性は次のように定義される．

$$\eta_{ij} = \frac{\text{ブランド } i \text{ の需要のパーセンテージ変化}}{\text{ブランド } j \text{ の価格のパーセンテージ変化}} \\ = \frac{\Delta q_{i0}}{\Delta p_{j0}} \frac{p_{j0}}{q_{i0}} \quad (\text{一般に } \eta_{ij} \neq \eta_{ji} \text{ である}) \tag{2.2}$$

これは競合するブランド間の価格戦略の効果の大きさを表している．ブランド j の価格変化が競合ブランド i の売上げに与える影響が逆の影響より大きい場合，つまり $\eta_{ij} > \eta_{ji}$ の場合，j は i に対して攻撃力 (clout) を持ち，i は j に対して脆弱性 (vulnerability) を持つといわれる．

交差弾力性は，POS データなどの価格と売上げに関する情報をもとにして，収穫逓減の法則を表す積乗型の反応関数を用いて測定されることが多い．

例えばブランド 1 の売上げ Y_1 と自己の価格 X_1 および競合ブランド 2 の価格 X_2 の関係を

$$Y_1 = \alpha X_1^{\beta} X_2^{\beta_2} \tag{2.3}$$

と規定するのが典型的な関数である．これはパラメータに関して非線形であるが，両辺の対数をとり，誤差項 ϵ を加えて計量モデル

$$\log Y_1 = \log \alpha + \beta_1 \log X_1 + \beta_2 \log X_2 + \epsilon \tag{2.4}$$

とし，$Y_1^* = \log Y_1$, $X_i^* = \log X_i (i=1,2)$ とおけば

$$Y_1^* = \alpha^* + \beta_1 X_1^* + \beta_2 X_2^* + \epsilon \tag{2.5}$$

と β_i に関して線形の関係が得られる．ここで $\alpha^* = \log \alpha$ とおいている．また，β_2 は「X_2 が 1% 変化したとき Y_1 は β_2% 変化する」という意味の交差弾力性を表現している．つまり式 (2.5) の両辺を X_2 で微分すると[*1]，

$$\frac{X_1}{Y_2} \frac{\partial Y_1}{\partial X_2} = \frac{\partial Y_1 / Y_1}{\partial X_2 / X_2} = \beta_2 \tag{2.6}$$

[*1] 対数の微分ルール $\frac{d \log(x)}{dx} = \frac{1}{x}$, 合成関数の微分 $\frac{d \log(y)}{dx} = \frac{d \log(y)}{dy} \frac{dy}{dx} = \frac{1}{y} \frac{dy}{dx}$ を用いている．

が得られる．∂X_2 を X_2 から X_2' へ変化させたときの変化量，それに対応する Y_1 の変化量を ∂Y_1 として理解すると，式 (2.6) は式 (2.2) に対応する X_2, Y_1 の相対変化を意味している．これらの比で定義される β_2 は，上記の交差価格弾力性を意味する．もう 1 つの回帰係数 β_1 は自己価格弾力性であり，このモデルは観測期間を通じて弾力性が一定 (β_1, β_2) のモデルを表現している．

パラメータの推定は，式 (2.5) の関係に対して回帰を行う．まず，n 組のデータ $\{(X_1, X_2, Y_1), \cdots, (X_{1n}, X_{2n}, Y_{1n})\}$ に対して $Y_{1t}^* = \log Y_{1t}, \{X_{it}^* = \log X_{it} (i = 1, 2)\}$ とデータの変換を行い，これに対して

$$Y_{1t}^* = \alpha^* + \beta_1 X_{1t}^* + \beta_2 X_{2i}^* + \epsilon_t, \ t = 1, \cdots, n \tag{2.7}$$

の回帰モデルを適用し，回帰係数の最小 2 乗推定値 $\hat{\beta}_2$ を得ることにより交差価格弾力性が得られる．変換前の切片 a の推定値は $\hat{\alpha}^*$ を用いて $a = e^{\hat{\alpha}^*}$ で計算できる．

2.2.3 因子分析と知覚マップ

表 2.1 は，首都圏在住の 15 歳以上の女性を対象として行った海外のファッションブランドに関する意識調査の結果である．シャネルからベネトンまでの 11 の海外ブランドについて，イメージに関する 9 項目についてのアンケート結果が記載されている．例えば，質問項目 1 では，「当該ブランドは人気があると思うか」との質問に対し，思う場合は○，思わない場合は×で答えるものとし，回答者 454 人中で○と回答した人数を示している．

この多変量データは，消費者が各ブランドを 9 項目にわたり様々な角度から評価したものであり，消費者が主にどのような視点で海外ブランドを評価しているかを知る手がかりを与える．

調査した 9 項目には同じような質問項目が含まれており，項目間の調査データは互いに相関係数が高い．したがって，より少ない数の共通因子によって変数の変動を説明できる可能性があり，因子分析により共通因子を抽出することで，消費者のブランドに対する理解や評価を少数の評価軸で表すことが可能となる．

さらに，各ブランドに対応する因子スコア f_k を求め，その評価軸に対して各

2.2 市場構造分析

表 2.1 海外ファッションブランドのイメージ調査データ
(回答者 454 人中, ○と回答した人数)

ブランド名	人気度	認知度	所有率	高級感	誇らしさ	品質の信頼性	センスのよさ	親しみやすさ	広告が魅力的
シャネル	159	377	209	318	136	150	123	36	86
エルメス	145	327	136	245	104	154	127	27	41
ティファニー	145	327	136	182	86	136	136	77	59
ルイ・ヴィトン	136	359	186	177	77	186	82	109	18
グッチ	123	350	154	163	73	141	114	68	32
ラルフローレン	114	295	200	54	27	114	91	154	36
カルティエ	109	291	109	232	95	150	95	14	23
フェラガモ	109	286	68	159	64	109	77	32	18
プラダ	104	245	45	104	50	77	82	59	18
K・クライン	100	263	123	32	23	64	118	132	54
ベネトン	86	327	241	18	5	54	59	227	95

出所:日経流通新聞 1996.8.31,上田太一郎著「データマイニング事例集」(共立出版, 1998)

ブランドがどのように配置されているかを視覚的に捉えようとするのが,ここでの因子分析の狙いである.

表 2.2 は,先のデータの相関係数行列である.この相関係数行列から,9 つの評価項目の間には相互に関連があり,正の高い相関を持つ項目と,負の高い相関を持つ項目があることがわかる.因子分析はこれらの項目変数が少数の変数(これを共通因子または単に因子と呼ぶ)で簡潔に表現されることを仮定する.ここでは,2 つの共通因子を持つ「2 因子モデル」を仮定しよう.9 つの評価項目変数を $\{Y_{ki}(k=1,\cdots,9; i=1,\cdots,11)\}$ としたとき,このモデルは

表 2.2 相関係数行列

	人気度	認知度	所有率	高級感	誇らしさ	品質	センス	親しみ	広告
人気度	1.00								
認知度	0.68	1.00							
所有率	0.18	0.70	1.00						
高級感	0.81	0.55	−0.06	1.00					
誇らしさ	0.85	0.54	−0.08	0.99	1.00				
品質	0.78	0.64	0.12	0.79	0.79	1.00			
センス	0.70	0.27	−0.05	0.50	0.58	0.38	1.00		
親しみ	−0.52	−0.02	0.61	−0.81	−0.81	−0.56	−0.45	1.00	
広告	0.09	0.40	0.68	−0.06	−0.06	−0.32	0.16	0.47	1.00

$$\begin{cases} Y_{1i} = a_{11}f_{1i} + a_{12}f_{2i} + v_{1i} \\ Y_{2i} = a_{21}f_{1i} + a_{22}f_{2i} + v_{2i} \\ Y_{3i} = a_{31}f_{1i} + a_{32}f_{2i} + v_{3i} \\ Y_{4i} = a_{41}f_{1i} + a_{42}f_{2i} + v_{4i} \\ Y_{5i} = a_{51}f_{1i} + a_{52}f_{2i} + v_{5i} \\ Y_{6i} = a_{61}f_{1i} + a_{62}f_{2i} + v_{6i} \\ Y_{7i} = a_{71}f_{1i} + a_{72}f_{2i} + v_{7i} \\ Y_{8i} = a_{81}f_{1i} + a_{82}f_{2i} + v_{8i} \\ Y_{9i} = a_{91}f_{1i} + a_{92}f_{2i} + v_{9i} \end{cases} \quad (2.8)$$

と表され,またこれらを観測値に関して行列でまとめると下記のようになる.

$$Y_i = \begin{pmatrix} a_{11} & a_{21} \\ a_{12} & a_{22} \\ \vdots & \vdots \\ a_{19} & a_{29} \end{pmatrix} \begin{pmatrix} f_{1i} \\ f_{2i} \end{pmatrix} + \begin{pmatrix} \epsilon_{1i} \\ \epsilon_{2i} \end{pmatrix} \quad (2.9)$$

$$\equiv A f_i + \epsilon_i, \quad i = 1, \cdots, 11$$

ここで共通因子 f_1, f_2 および独自因子 v_1, v_2 に関しては,次の仮定がおかれる.

1) f_1, f_2 は各々独立に平均ゼロ,分散 1 を持つ確率変数である.
$$E(f_i) = 0, \ V(f_i) = 1, \ i = 1, 2 \ ; \ E(f_1 f_2) = 0$$

2) v_i も確率変数で,それぞれ独立に平均ゼロ,分散 σ_i^2 を持つ.
$$E(v_i) = 0, V(v_i) = \sigma_i^2, E(v_i v_j) = 0, \ i = 1, 2; j = 1, \cdots, 9$$

3) f_i と v_j は独立である.
$$E(f_i v_j) = 0, \ i = 1, 2; j = 1, \cdots, 9$$

このとき相関係数行列 R は,因子負荷量と独自因子の分散で表現することができる.R の (i,j) 要素を r_{ij} としたとき,これらは

$$\begin{cases} 1.0 = a_{i1}^2 + a_{i2}^2 + \sigma_i^2, & i = 1, \cdots, 9 \\ r_{jk} = a_{j1}a_{k1} + a_{j2}a_{k2}, & j, k = 1, \cdots, 9 \ (j \neq k) \end{cases} \quad (2.10)$$

となる.

2.2 市場構造分析

R の対角要素は標準化された各変数の分散 $a_{i1}^2 + a_{i2}^2 + \sigma_i^2 = 1 (i = 1, \cdots, 9)$ であり，$h_i^2 = a_{i1}^2 + a_{i2}^2$ はその分散のうち 2 つの因子によって説明できる部分の共通性を意味する．また第 i 変数の分散の合計で定義される全分散のうち，2 つの因子で説明される割合を表す寄与率は，$\left(\sum_{i=1}^{9} h_i^2 \right)/9$ で定義される．

因子モデルの説明力を上げるために，3 因子モデルを取り上げたり，理論上，事前に 3 因子モデルを用いたりすることが必要な場合もある．前者のように，事前に変数間に何ら因子を仮定できずに，構造を探索する目的で因子モデルを利用する立場は探索的因子分析 (EFA：exploratory factor analysis) といわれる．それに対して，事前に仮説として因子の数と意味が考えられ，データからこれを検証する目的で利用する立場は，検証的因子分析 (CFA：confirmatory factor analysis) と呼ばれる．

式 (2.10) の関係を行列で表すと，下記のようになる．

$$R = AA' + \Psi \tag{2.11}$$

$$\begin{pmatrix} 1 & r_{12} & \cdots & r_{19} \\ r_{21} & 1 & \cdots & r_{29} \\ \vdots & \vdots & \cdots & \vdots \\ r_{91} & r_{92} & \cdots & 1 \end{pmatrix} = \begin{pmatrix} a_{11} & a_{21} \\ a_{12} & a_{22} \\ \cdot & \cdot \\ a_{19} & a_{29} \end{pmatrix} \begin{pmatrix} a_{11} & a_{12} & \cdots & a_{19} \\ a_{21} & a_{22} & \cdots & a_{29} \end{pmatrix}$$
$$+ \begin{pmatrix} \sigma_1^2 & 0 & \cdots & 0 \\ 0 & \sigma_2^2 & \cdots & 0 \\ \vdots & \vdots & \cdots & \vdots \\ 0 & 0 & \cdots & \sigma_9^2 \end{pmatrix} \tag{2.12}$$

一般に，因子分析のパラメータ推定は，相関係数行列 R が与えられたときに，式 (2.11) で与えられた因子負荷量 A および独自因子 Ψ を求める問題と定式化できる．

因子モデルのパラメータ推定法は，データによって計算された相関係数とパラメータの関係を，式 (2.8) のように因子モデルから規定し，これらの関係を満たすようにパラメータを決める方法であり，一般にはモーメント法と呼ばれる．上述のモーメント法は，未知数である因子負荷量および独自因子の分散の個数

と，条件となる変量間の相関係数の個数が一致する場合以外は利用できない．

例えば，式 (2.8) の 2 因子モデルに含まれるパラメータの数は，因子負荷量 18 個および独自因子の分散 9 個の合計 27 個である．それに対し，式 (2.9) で与えられる制約の数は 36 であり，原理的にはパラメータの推定値を一意に決定できない．

一般的には，行列 R の固有値や固有ベクトルの性質を利用して，これらを求める方法の代表的なものが主因子法，最尤法，**PLS 法** (partial least squares) である．

実行に際しては，共通因子の数をあらかじめ決めておかなければならない．通常，次のような基準が目安として使われている．

1) 相関係数行列の 1 より大きい固有値の数を共通因子の数とする．
2) 相関係数行列の固有値を大きさの順に並べたとき，その減少の仕方が急激に変わるところまでを共通因子とする．
3) 固有値の累積寄与率がデータの変動のかなりの部分を説明していると思われるところまでを共通因子とする．

これらはいずれも最適な因子数の決め方というわけではなく，あくまでも 1 つの目安である．それぞれの基準で選ばれた因子数のもとで試行錯誤して，因子の解釈を最終的な判断基準として総合的に決めることが望ましい．これらの基準を選択できるようにソフトウェアには選択オプションが与えられている．

表 2.1 のデータに因子分析を適用し，上記の基準 1) に従って因子の数を 2 と決め，最尤法によって得られた因子負荷量の推定結果が，表 2.3 で与えられている．

さらに，因子軸の回転を行うことによって，因子負荷量が変数間でより大きくばらつき，因子負荷量の大きさによって変量を分類しやすくなる場合がある．

推定された因子負荷量を見ると，第 1 因子の因子負荷量の大きい順に，誇らしさ (0.994)，高級感 (0.990)，人気度 (0.812)，品質の信頼性 (0.774)，センスのよさ (0.556) となっている．他方，第 2 因子は，所有率 (0.955)，認知度 (0.801)，広告が魅力的 (0.691)，親しみやすさ (0.488) で因子負荷量が大きい．累積寄与率は 81.9% と計算されており，2 つの因子を合わせて，データの変動を約 82% と説明している．

2.2 市場構造分析

表 2.3　因子負荷量行列

	1	2
人気度	<u>0.812</u>	0.360
認知度	0.466	<u>0.801</u>
所有率	−0.170	<u>0.955</u>
高級感	<u>0.980</u>	0.102
誇らしさ	<u>0.994</u>	0.095
品質の信頼性	<u>0.774</u>	0.062
センスのよさ	<u>0.556</u>	0.062
親しみやすさ	−0.866	<u>0.488</u>
広告が魅力的	−0.133	<u>0.691</u>

結果として9項目の評価基準は，2つの因子によって，それぞれ5つと4つに分類できる．いま第1因子でまとめられる5つの項目を統合するような因子の名前をつけるとすれば「洗練されたイメージ」の因子となり，また同様に第2因子の4項目をまとめると「普及と親しみやすさ」の因子という名前がつけられるであろう．したがって，消費者が海外ブランドを評価する際には，どのくらい洗練されたイメージであるのか，またどれくらい普及し親しまれているかという視点で，主に評価していると理解できる．

表2.4は，データを被説明変数ベクトルY，因子負荷量の推定値を説明変数行列$\hat{A}$，因子を回帰係数パラメータのベクトルfとする回帰モデルとし，最小2乗法で因子スコアを$\hat{f} = (\hat{A}'\hat{A})^{-1}\hat{A}'Y$として推定した結果である．図2.2は横軸を第1因子，縦軸を第2因子とした2次元空間上に，これらのブランドを位置づけてブランド間の関係を布置したものである．これはブランド（製品）

表 2.4　因子スコアの推定値

ブランド	第1因子	第2因子
シャネル	1.810	1.057
エルメス	.953	−.202
ティファニー	.433	.199
ルイ・ヴィトン	.298	.874
グッチ	.168	−.015
ラルフローレン	.996	.560
カルティエ	.697	−.847
フェラガモ	.101	−1.352
プラダ	.567	−1.497
K・クライン	−1.207	−.385
ベネトン	−1.489	1.607

間の市場での位置関係を表すことからプロダクトマップと呼ばれる．またこの例のように，消費者が知覚したブランドイメージ（消費者からの評価）により作成された地図であるとして，知覚マップと呼ばれることもある．

2.2.4 サブマーケットと市場構造

次に，2.2.3項で展開したプロダクトマップ上にある11のブランドを，因子スコアを変量として，3.2節で解説するクラスター分析によっていくつかのクラスターに分けてみよう．

図 2.2 は，クラスター間の距離が 7 で形成される 5 つのクラスターで併合手続きを止めた場合の併合結果を，プロダクトマップ上で描いたものである．ここでは，5 つの円で囲まれたブランドが 1 つのクラスターを形成しており，互いに競合関係が強いと解釈できる．このクラスターは，海外ブランド市場の中でさらに小さな市場を構成しているという意味でサブマーケットと呼ばれる．

このように，因子分析とクラスター分析を組み合わせることにより市場の競合状態を視覚的に捉えることができる．各ブランドについて消費者の評価によ

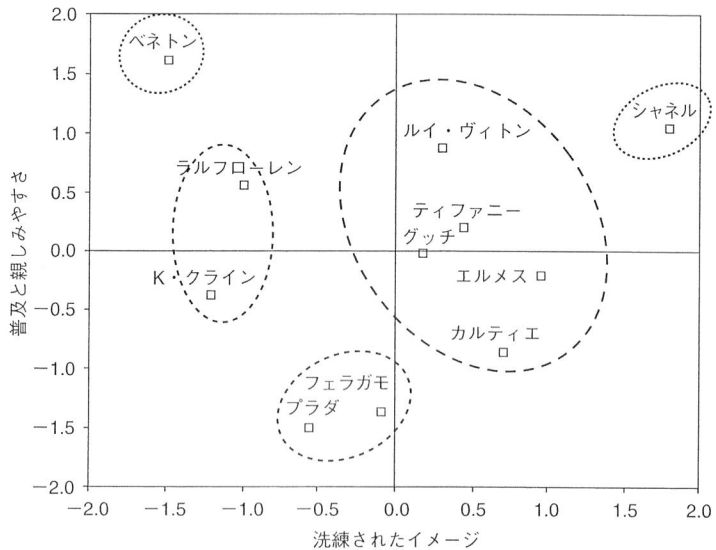

図 2.2 サブマーケットの構造（プロダクトマップまたは知覚マップ）

り市場での位置（ポジショニング）を決め，さらにその位置づけの意味を解釈できるという利点があり，これらの多変量解析の手法はマーケティングにおいて必須の分析ツールとなっている．

R を用いた因子分析およびクラスター分析の例は，3.2 節および 3.3 節を参照してほしい．

2.2.5 市場レベルの競争構造モデル (Prodegy モデル)

ここでは競争構造分析のもう 1 つの手法である Prodegy(product strategy) モデル (Urban, et al. 1984) について述べる．Prodegy モデルは強制スイッチング，つまりあるブランドが強制的に市場から削除されたとき，そのブランドを購入していた消費者がどのブランドにスイッチするかを調べる際に用いられる．

このモデルの目的は，市場が競争構造を持っているか持っていないかを調べることである．市場が構造を持っているというのは，市場にいくつかのサブマーケットが存在することを意味する．仮定として，「特定のサブマーケットに入っているあるブランドが市場から除外されたとき，今までそのブランドを購入していた消費者は同じサブマーケットに入っている他ブランドを購入する」と考える．一方，無構造の市場においては，「どのブランドが市場から消えても，そのブランドを購入していた消費者が他ブランドにスイッチするが，それらのブランドにスイッチする消費者の数はそれらのブランドのマーケットシェアに比例する」と考えられる．

いま，市場におけるブランド $j(j=1,2,\cdots,J)$ のシェアを m_j とする．無構造市場のもとでは，ブランド i を市場から削除したとき，削除した後の他ブランドのシェア $P_i(j)$ を次式で表すことができる．

$$P_i(j) = \frac{m_j}{\sum_{\acute{i}} m_{\acute{i}}} = \frac{m_j}{1-m_i} \qquad (2.13)$$

ただし，$\acute{i}$ は i 以外のブランドを表している．

これを具体的な例を使って説明しよう．表 2.5 のように A，B，C，D という 4 つのブランドがある．それぞれのシェアは 40%，30%，20%，10% であるとする．いま，ブランド A を市場から削除したとしよう．ブランド A を購入し

表 2.5 無構造市場のもとにおける強制スイッチング後のブランドシェア (%)

削除対象	シェア	A	B	C	D
A	40	0	50.00	33.33	16.67
B	30	57.14	0	28.57	14.29
C	20	50.00	37.50	0	12.50
D	10	44.44	33.33	22.22	0

ていた消費者は，ブランド B，C，D のシェアに比例してそれぞれのブランドにスイッチする．つまり，ブランド A が削除されたあとのブランド B のシェアは，式 (2.13) を用いて 50(30/(100-40))% になり，ブランド C と D のそれは 33.3%，16.7% になる．しかし，仮にブランド A と B が 1 つのサブマーケットを形成するならば，ブランド A を購入していた消費者の大部分はブランド B にスイッチするであろう．この場合，ブランド A が削除された後のブランド B のシェアは 50% よりはるかに大きくなるはずである．

Prodegy モデルでは市場が構造を持っているかどうかを検定するが，統計的検定の手続きに入る前にいくつかの概念を説明しよう．まず $s = 1, 2, \cdots, S$ を，サブマーケットを表す添字としよう．例えば表 2.5 の例で {A,B,C} と {D} の 2 つのサブマーケットがあるとき，前者をサブマーケット 1，後者をサブマーケット 2 と表すことができる．次にサブマーケット s のシェア (そのサブマーケットに属している全ブランドのシェアの合計) を $P(s)$ で表そう．無構造市場のもとでブランド i を削除した後には，サブマーケット s のシェア $P_i(s)$ は次のようになる．

$$P_i(s) = \sum_{j \in s} P_i(j) = \frac{\sum_{j \in s} m_j}{(1 - m_i)} \tag{2.14}$$

例えばブランド A を削除したとき，サブマーケット 1 に残っているのはブランド B とブランド C だけとなり，このサブマーケットのシェアは次のように求められる．

$$P_A(1) = \frac{m_B + m_C}{(1 - m_A)} = 83.33\% \tag{2.15}$$

式 (2.13) と (2.14) は，あるブランドが無構造市場の仮定のもとで市場から削除されとき，残ったブランドと各サブマーケットのシェアがどのように変化したかを表す理論値である．

2.2 市場構造分析

いま消費者全体の中から標本を取り出し，強制スイッチングの実験を考えよう．この実験ではあらかじめ，標本となる消費者に最も好ましいブランドあるいは購入しているブランドを1つ挙げてもらう．そして最も好きなブランドが市場から削除されたとき次に選ぶブランドを尋ねる．このように，選好順位が1位と2位のブランドを消費者から聞き出すことで，以下の統計量を得ることができる．

$n_i = $ ブランド i を購入している消費者数

$x_i(j) = $ ブランド i を削除した後，n_i のうちブランド j を購入する消費者数

$x_i(\mathbf{s}) = $ ブランド i を削除した後，n_i のうちサブマーケット $\mathbf{s}$ に属するブランドを購入する消費者の数

無構造の市場の仮定が正しい場合，充分な標本数をとれば $x_i(j)$ と n_i の比率は $P_i(j)$ に近づいていくはずであるから，この比率を $P_i(j)$ の推定量として考えることができる．つまり，充分な標本数が得られたとき

$$\hat{P}_i(j) = \frac{x_i(j)}{n_i} \approx P_i(j) \tag{2.16}$$

である．同様に $P_i(\mathbf{s})$ の推定量を次のように書くことができる．

$$\hat{P}_i(\mathbf{s}) = \frac{x_i(\mathbf{s})}{n_i} \approx P_i(\mathbf{s}) \tag{2.17}$$

しかし，市場が構造を持っている場合，上記の関係は成立しない．もしブランド i がサブマーケット $\mathbf{s}$ に属したとすれば，$\frac{x_i(\mathbf{s})}{n_i}$ は $P_i(\mathbf{s})$ よりも大きくなるはずである．つまり，$i \in \mathbf{s}$ のとき，

$$\hat{P}_i(\mathbf{s}) > P_i(\mathbf{s}) \tag{2.18}$$

である．逆にブランド i が $\mathbf{s}$ 以外のサブマーケットに入っていたら

$$\hat{P}_i(\mathbf{s}) < P_i(\mathbf{s}) \tag{2.19}$$

が成立するはずである．

ところで，ブランド i を市場から削除したとき，ブランド i を購入していた消費者はサブマーケット $\mathbf{s}$ に属するブランドに確率 $P_i(\mathbf{s})$ でスイッチする．も

しブランド i を購入していた消費者の標本が独立であれば，サブマーケット s に属するブランドにスイッチする消費者の数 $x_i(\mathbf{s})$ は，平均 $n_i P_i(\mathbf{s})$，分散 $n_i P_i(\mathbf{s})(1 - P_i(\mathbf{s}))$ の二項分布 $x_i(\mathbf{s}) \sim B\left(n_i P_i(\mathbf{s}), n_i P_i(\mathbf{s})(1 - P_i(\mathbf{s}))\right)$ に従い，さらに n_i が充分に大きいとき，中心極限定理により $x_i(\mathbf{s})$ の分布は正規分布に近似できる（中心極限定理については統計学の本[*2]を参照してほしい）．

$$x_i(\mathbf{s}) \sim N\left[n_i P_i(\mathbf{s}), n_i P_i(\mathbf{s})(1 - P_i(\mathbf{s}))\right] \tag{2.20}$$

次に Prodegy モデルの検定の手続きを次の 3 つのステップで説明しよう．簡単のために表 2.6 の例を用いる．

1) 帰無仮説を立てる：

まず帰無仮説の設定として無構造市場の仮説を設定する．表 2.6 は 6 つの飲料ブランドとそのマーケットシェア，および無構造市場において，あるブランドが市場から削除されたときに他のブランドのシェアがどう変化するかを示している．例えばコカ・コーラを市場から削除したとき，ペプシのシェアは 14.67(11/(100−25))% になり，コカ・コーラを購入した 25% の消費者のうち，3.67(14.67−11)% の人がペプシに流れる．他のブランドについても同様である．

2) 対立仮説を立てる：

次に対立仮説として，市場がいくつかのサブマーケット $\mathbf{s} = \mathbf{1}, \mathbf{2}, \cdots, \mathbf{n}$ によって構成されているという仮説を立てる．ところが，サブマーケットの作り方は何通りもある．ブランドの数が多くなればサブマーケットの組合せはさらに増える．したがって，サブマーケットをどう定義すれば

表 2.6 無構造市場のもとでのシェア（%）

削除対象	シェア	(1)	(2)	(3)	(4)	(5)	(6)
(1) コカ・コーラ	25	0	14.67	24.00	12.00	28.00	21.33
(2) ペプシ	11	28.09	0	20.22	10.11	23.60	17.98
(3) 伊藤園緑茶	18	30.49	13.41	0	10.98	25.61	19.51
(4) サントリー烏龍茶	9	27.47	12.09	19.78	0	23.08	17.58
(5) ポカリスエット	21	31.65	13.92	22.78	11.39	0	20.25
(6) アクエリアス	16	29.76	13.10	21.43	10.71	25.00	0

[*2] 例えば，Harold J. Larson (1982), *Introduction to Probability Theory and Statistical Inference* (3rd ed.), John Wiley & Sons.

よいかを慎重に考えなければならない.すべての組合せを検定し,もっともらしい組み合わせ方を見つけることも可能であるが,ブランド数が多い場合は非常に手間がかかる.

別の方法として,スイッチングのデータを見てスイッチングが多く行われるブランド同士を1つのサブマーケットに入れるという方法があるが,これは合理的なやり方である.

例えば表 2.7 が実際のブランド強制スイッチングデータであるとしよう.この表は母集団から 100 人の標本を取り出したとき,強制スイッチングによってスイッチした人の人数を表している.強制スイッチングの前に 100 人のうち 25 人がコカ・コーラ,11 人がペプシというようにブランドを選択したとする.コカ・コーラを市場から削除したときコカ・コーラを購入した 25 人のうち 15 人もの人がペプシにスイッチしたが,伊藤園緑茶,サントリー烏龍茶,ポカリスエット,アクエリアスのそれぞれにスイッチした人はわずか 1 人,3 人,2 人,4 人である.

同様にペプシを市場から削除したときコカ・コーラにスイッチした人は 8 人もいるが,他ブランドにスイッチする人はわずかの 3 人である.これを逆に考えると,ペプシがない状態の市場にペプシが参入したとき,ペプシのシェアの大部分はコカ・コーラから奪ったものということになる.したがって,コカ・コーラとペプシは非常に競合し合っており,両ブランドは1つのサブマーケット {コカ・コーラ,ペプシ} を形成していると考えられる.

他のブランドについても同様に考えると,{伊藤園緑茶,サントリー烏龍茶},{ポカリスエット,アクエリアス} というサブマーケットを導くことができる.

このように,3つのサブマーケットが存在するという対立仮説を設定することができる.これらをサブマーケット **1**,**2**,**3** と表そう.

3) 実際のブランド遷移データを用いて実現値と理論値を比較する:
簡単のために,表 2.7 を表 2.6 に対応するように比率(表 2.8)で表そう.表 2.8 は確率変数 $\hat{P}_i(j)$ を表している.表 2.8 で示す $\hat{P}_i(j)$ の実現値をみると,あるブランドを削除したとき,そのブランドと同じサブマーケッ

表 2.7　実際のスイッチングデータ

削除対象	人数	(1)	(2)	(3)	(4)	(5)	(6)
(1) コカ・コーラ	25	0	15	1	3	2	4
(2) ペプシ	11	8	0	0	1	2	0
(3) 伊藤園緑茶	18	2	1	0	9	4	2
(4) サントリー烏龍茶	9	1	0	7	0	0	1
(5) ポカリスエット	21	3	2	3	3	0	10
(6) アクエリアス	16	2	0	4	1	9	0

表 2.8　実現値に基づくブランドのシェア (%)

削除対象	シェア	(1)	(2)	(3)	(4)	(5)	(6)
(1) コカ・コーラ	25	0	60.00	4.00	12.00	8.00	16.00
(2) ペプシ	11	72.73	0	0	9.09	18.18	0
(3) 伊藤園緑茶	18	11.11	5.56	0	50.00	22.22	11.11
(4) サントリー烏龍茶	9	11.11	0	77.78	0	0	11.11
(5) ポカリスエット	21	14.29	9.52	14.29	14.29	0	47.62
(6) アクエリアス	16	12.50	0	25.00	6.25	56.25	0

トに属するブランドのシェアを確認できる．

例えばサブマーケット 1 ({コカ・コーラ, ペプシ}) において，コカ・コーラを削除したときペプシのシェアは 60% になり，逆にペプシを削除したときコカ・コーラのシェアは 72.73% になった．これら両方を合計すると 132.73(60+72.73)% になる．残りのサブマーケットについても同様に求めると，サブマーケット 2 ({伊藤園緑茶, サントリー烏龍茶}) は 127.78%，サブマーケット 3 ({ポカリスエット, アクエリアス}) は 103.87% になる．

これらの値が $\frac{x_i(\mathbf{s})}{n_i}$ の実現値であることに注意すると，それぞれが平均 $P_i(\mathbf{s})$，分散 $\frac{P_i(\mathbf{s})(1-P_i(\mathbf{s}))}{n_i}$ の正規分布に従うことがわかる．またその合計 364.38(132.73+127.78+103.87)% も正規分布になる．

一方，無構造市場仮説でそれに対応する値は 118.77% である．実現値の 364.37% と理論値の 118.77% に差があるかどうかについては，これから検定する．実現値の分散は

$$\sigma^2 = \sum_{\mathbf{s}=1}^{3} \sum_{i \in \mathbf{s}} \frac{P_i(\mathbf{s})(1-P_i(\mathbf{s}))}{n_i} \qquad (2.21)$$
$$= 0.01 + 0.02 + 0.01 + 0.02 + 0.01 + 0.02 = 0.09$$

であるから，検定統計量 Z は次のように求まる．

$$Z = \frac{364.38\% - 118.77\%}{\sqrt{0.09}} = \frac{245.61\%}{0.30} = 8.28 \quad (2.22)$$

検定統計量 Z が 8.28 という大きな値をとったので，有意水準 5%で帰無仮説は棄却されることになった．つまり，実現値と理論値の間には大きな差があり，市場が競争構造を持っているということがいえる．

参　考　文　献

1) Urban, G.L., P.L. Johnson and J.R. Hauser(1984), "Testing competitive market structure," *Marketing Science*, **3**, 83–112.
2) Urban, G.L., P.L. Johnson and J.R. Hauser(1993), *Design and Marketing of New Products (2nd ed.)*, Prentice-Hall.

3 競争ポジショニング戦略 (STP)

3.1 STPの重要性

　第2章では市場機会の発見について説明した．ただし市場機会が発見されただけでは，どのようにその市場にアプローチすべきかを決めることはできない．そこでマーケティング戦略を策定するために次に行うべきことは，「市場はどのような人たちで構成されていて，誰を対象に，どのような商品やサービスを提供するか」を決めることである．ここで，第3章のタイトルにもなっているSTPとは，セグメンテーション (segmentation)，ターゲティング (targeting)，ポジショニング (positioning) の頭文字を集めたものである．

　まずセグメンテーションとは，市場を構成する消費者を何らかの基準を用いていくつかのグループに分解することであり，そのグループのことをセグメントと呼ぶ．ターゲティングとは，各セグメントの魅力度や自社の有する資源との適合性を判断基準として，ターゲットとするセグメントを絞り込むことである．ポジショニングとは，競合他社との競争関係の中で，ターゲットとする消費者たちに自社製品がどのように認識されているかを知ることである．言い換えると，セグメンテーションは「市場はどのような人たちで構成されているか」を知ることであり，ターゲティングは「誰を対象とするか」を決めること，ポジショニングは「どのような商品・サービスを提供するか」を決めることである．これらSTPを決めることではじめて，ターゲット市場のニーズや特性に合致し，4P間で整合性のとれたマーケティング戦略を構築できる．次節以降でSTPのそれぞれを説明する．

3.2 マーケットセグメンテーション

3.2.1 定義と目的

マーケットセグメンテーションは市場細分化とも呼ばれ，市場がどのような消費者で構成されているかを知るためのマーケティング活動である．そこでは，消費者のニーズが1人1人異なることを前提に，何らかの基準をもとに同じようなニーズを持つ消費者をセグメントと呼ばれるグループにまとめる．

マーケティングの潮流は，かつての大量生産・大量消費時代には市場全体に画一的なマーケティングを行うマスマーケティングが主流だったが，近年の市場の成熟化と消費者需要の多様化に伴い，特定のセグメントに対象を絞って対応するターゲットマーケティングへと移行した．例えば自動車では，自家用車が普及し始めた頃は消費者市場全体を同質的なものと捉え，1種類の車種で，市場全体に画一的なマーケティングを行っていた．しかし現在では，消費者セグメントのニーズの違いに応じてセダンやコンパクトカー，スポーツタイプからワゴンタイプなど，様々なタイプ，多様なデザインの製品が市場に出回り，対象とするセグメントの特性に対応したイメージの広告を出稿するなど，セグメントごとに異なるマーケティング対応を行っている．

消費者をセグメントに分けることで，セグメントのニーズに合わせた製品を投入することが可能になるとともに，セグメントの特性に合わせた効果的で効率的なマーケティング活動が可能になる．

3.2.2 セグメンテーションの方法と必要条件

Wind(1978)によると，セグメンテーションを行う手法は，アプリオリセグメンテーションとクラスタリングセグメンテーションとに大別される．前者は，セグメンテーションの基準となる変数を前もって設定することで，基準変数の決定と同時にセグメントの属性や性質が決定される．一方の後者は，あらかじめ類似度の高い消費者を集めたセグメントに分類し，事後的に各セグメントのプロフィールを解釈する．本書では，前者については，マーケティングで達成すべき目標に沿って基準変数を決める方法と，AID(automatic interaction detector)

によるセグメンテーションを紹介し，後者についてはクラスター分析を用いたセグメンテーションを紹介する．

また，いずれの方法においても，効果的なセグメンテーションを行うには以下の条件を満たす必要がある．

1) 消費者のニーズや特性は，セグメント内では同質であり，セグメント間では異質である．
2) セグメントを構成する消費者に接近可能である．
3) セグメントの市場規模が測定可能である．
4) セグメントに一定の市場規模がある．

まず 1) について，「各セグメント内が同質であること」と「セグメント間が異質であること」は同じ意味であり，明確にセグメント間に差が出るような基準変数を選ばなければ，セグメンテーションが成功したとはいえない．2) の接近可能性は，各セグメントを構成する消費者に対して，効果的にマーケティング対応できることを意味する．どのようなプロモーションを行えばそのセグメントの消費者に届くのかわからないようなセグメンテーションは行うべきではない．3) の測定可能性は，セグメントの市場規模が定量的に測定できるかどうか．最後に 4) はセグメントの収益性を条件としており，仮にターゲットとするセグメント規模が小さければ，よほど購買力の高い，例えば裕福な消費者が集まったセグメントでない限り，十分な利益を上げることはできない．

3.2.3 セグメンテーションの基準

事前に基準変数を設定する手法において，基準変数は一般的に，a. 地理的変数，b. デモグラフィック変数，c. 心理的変数，d. 行動変数の 4 種類に分類される．各分類の内容は表 3.1 のとおりである．

最も単純なセグメンテーションの方法は，マーケティング戦略の目的に適う

表 3.1 基準変数の例

a. 地理的変数	:	国，地域，都市規模，気候
b. デモグラフィック変数	:	年齢，性別，世帯構成人数，所得，職業
c. 心理的変数	:	社会階層，ライフスタイル，生活価値観
d. 行動変数	:	購買状況，製品の使用状況，満足度

と考えられる基準変数を1つ1つ当てはめ，セグメント内の同質性とセグメント間の異質性などセグメンテーションが有効であるための条件を確認しながら細分化を行う方法である．さらに，競合他社が気づいていないような市場機会を発見するため，複数の基準変数を組み合わせて消費者市場の構造を把握することも必要となる．

以下では，各分類の基準変数によるセグメンテーションの特徴について解説する．

a. 地理的変数

地理的変数に分類される基準変数には地域，都市規模，気候などがある．セグメンテーションによって地域ごとのニーズや好みの違いを捉える．都道府県や地域，さらには商圏をセグメントとし，そのエリア（セグメント）の特性に合わせてマーケティング対応するエリアマーケティングにおいて活用される変数である．

b. デモグラフィック変数

性別や年齢，所得，ライフステージなどのデモグラフィック変数は最もよく使われる基準変数である．頻繁に使用される理由は，消費者のニーズや製品・サービスの使用率が，消費者のデモグラフィックス（人口学的統計）と強く結び付いていることが多いためである．また，市場規模の測定や，ターゲットとするセグメントへの働きかけが容易であり，2次データを使える可能性も高く，使用するメリットの多い基準変数である．

c. 心理的変数

心理的変数には，社会階層やライフスタイル，生活価値観などの変数が挙げられる．消費者の需要が多様化し，消費行動をデモグラフィック変数では分類できないこともあるため，消費行動により密に関係すると考えられる心理的変数が基準として利用されることがある．しかしターゲットとする消費者像が不明確で，到達可能性が低いという欠点を持っている．

d. 行動変数

行動変数とは，製品の購入量や購入頻度，求める便益（ベネフィット），さらには製品やサービスへの満足度などである．特に，消費者が製品を選択する際に重要視するベネフィットの違いによってセグメンテーションを行う方法は

ベネフィットセグメンテーションと呼ばれ，消費者が自社製品にどのようなベネフィットを求めているのかを把握することができ，新製品開発などに用いられる．

以上，各基準変数によるセグメンテーションの特徴を挙げてきたが，実際には市場をどのような変数で区分すれば効果的なセグメンテーションが行えるのか，わからないことの方が多い．3.2.4 項以降では，効果的な基準変数を探索的に探す AID と，複数の基準を多次元的に扱うクラスター分析を紹介する．

3.2.4 アプリオリセグメンテーション（AID 分析）
a. AID 分析の考え方
ある変数を基準に消費者を 2 つのグループに分ける際，ただ 1 つの基準変数（例えば性別など）を用いる場合にはグループ分けは容易である．基準変数が 2 つの場合でも，クロス表を作成するなど，単純な集計作業で情報を整理できる．しかしこの基準変数が多数存在する場合には，消費者を分類する基準の組合せが多数になり，合理的に分類することが困難になる．AID は，消費者グループを 2 つに分ける際にグループ間に最もよく差が出るような分類方法を，段階的に基準変数を組み合わせながら探索的に発見するものである．以下で基準変数を逐次的に選択する方法について説明する．

b. AID 分析の手順
まず，消費者 $j(j = 1, \cdots, N)$ の，ある製品に対する購入意向を x_j，消費者全体の購入意向平均値を $\bar{x}$ とする．さらに基準変数によって 2 つに分割された後のそれぞれのグループの消費者数を N_1 と N_2，それぞれのグループでの購入意向平均値を $\bar{x}_1, \bar{x}_2$ とし，消費者サンプル全体での異質性の程度（散らばり具合）である全体平方和（TSS：total sum of squares）を次のように定義する．

$$\text{TSS} = \sum_{j=1}^{N}(x_j - \bar{x})^2 \tag{3.1}$$

また，基準変数により分けられた各グループ内の異質性の程度の合計であるグループ内平方和（WSS：within group sum of squares）と，グループ間の異質性の程度であるグループ間平方和（BSS：between sum of squares）を，それぞれ次で定義する．

$$\text{WSS} = \text{WSS}_1 + \text{WSS}_2$$
$$= \sum_{j=1}^{N_1}(x_{1j} - \bar{x}_1)^2 + \sum_{j=1}^{N_2}(x_{2j} - \bar{x}_2)^2 \quad (3.2)$$
$$\text{BSS} = N_1(\bar{x}_1 - \bar{x})^2 + N_2(\bar{x}_2 - \bar{x})^2 \quad (3.3)$$

$\text{WSS}_1, \text{WSS}_2$ は,それぞれグループ 1 内平方和とグループ 2 内平方和である.

ここで $\text{TSS} = \text{BSS} + \text{WSS}$ であり,消費者をグループ内では最も同質に,そしてグループ間では最も異質になるように分割するために,WSS が最小になるような,もしくは BSS が最大になるような基準変数を選ぶ.

以後,分割されたグループに関しても,例えばグループ 1 内平方和 ($\text{WSS}_{11} = \sum_{j=1}^{N_1}(x_{1j} - \bar{x}_1)$) を全体平方和 (TSS) と見立て,グループ 1 内消費者を最も効果的に 2 分割する基準変数を選択し,グループ分けを進めていく.第 k 回目に分割されたグループに関しても $\text{TSS}_k = \text{BSS}_k + \text{WSS}_k$ が成り立つ.

AID 分析の,枝分かれしながら逐次分割される様子を表したものが図 3.1 であり,AID ツリーと呼ばれる.図では k 回目の分割におけるグループ 1 の消費者数を N_{k1},グループ 1 内平方和を WSS_{k1} と表記している.また,図中の四角(箱)のサイズはグループ内消費者数に対応しており,グループ分けが進むに従いグループ内人数が減っていく様子を表現している.

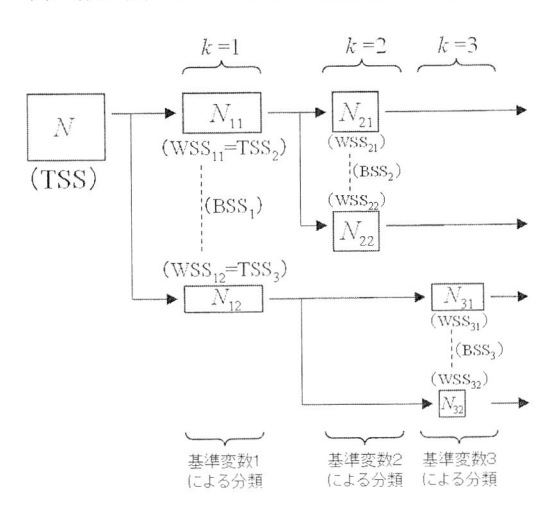

図 3.1 AID ツリー

また，あるグループの分割が停止するルールには次のようなものがある．
1) 最終的なグループの数が事前に設定した数に達した
2) k 回目の分割時に，一方のグループ内消費者数 $N_{ki}(i=1,2)$ が，設定した値に満たなかった
3) $\frac{\text{BSS}_k}{\text{TSS}_k}$ や $\frac{\text{TSS}_k}{\text{TSS}}$ が，ある値（例えば 0.1%）以下になった

分割がストップした時点で，そのグループはセグメントとして確定する．

c．AID 分析の特徴

AID 分析は，以下のような性質や特徴を持つ．

1) 交互作用：

   AID 分析では，より明確に消費者を分割する基準変数から順次採用されていく．このため，例えば 2 回目のグループ分割に用いられる基準変数は，1 回目のグループ分割の結果を所与の条件として選ばれており，k 回目の分割で基準となる変数は $k-1$ 回目の基準変数との交互作用を見ていることになる．

2) セグメントの解釈：

   アプリオリな手法であるため，クラスタリングセグメンテーションに比べてセグメントの解釈が容易である．しかし，グループ間平方和 (BSS) 最大化のルールに従い機械的にグループの分割を進めることで，理解しがたいセグメントができてしまう可能性がある．BSS 最大化のルールに従いながらもグループの意味を考えつつ，探索的に分析を進める必要がある．

3) セグメンテーションの必要条件：

   基準変数としてセグメントの消費者に接近可能であり，収益性を測定できる変数を用いることで，3.2.2 項に記した条件を満たす効果的なセグメンテーションが可能となる．

4) 所属セグメントの予測：

   分析対象としていない消費者に関して，基準変数のデータがそろっていれば，AID ツリーを順に辿ることにより，所属するセグメントを簡単に予測できる．

5) 停止ルールの客観性：
　分析の停止ルールが恣意的であり，客観性に欠ける．

AID の分析例

　ここで，あるシャンプーブランドの AID 分析によるマーケットセグメンテーションの例を紹介する．このブランドの購入経験がある女性 1000 人に対するアンケートで，当ブランドに対する購入意向（100 点満点），年齢，婚姻の有無，子供の有無，価格感度（シャンプーに関して高いと感じる価格），銘柄へのこだわりの有無，所得水準のデータを集めた．

　図 3.2 は，購入意向を目的変数とした分析結果を AID ツリーで表したものである．5 つの基準変数を用いて，6 つの消費者セグメントが形成された．セグメントには平均購入意向の高い順に 1〜6 の番号を付けてある．この結果から，最も購入意向の高いセグメントは，セグメント 1 の既婚で銘柄へのこだわりを持ち世帯構成人数の多い女性であることがわかり，全サンプルの 8.8% である．次がセグメント 2 で，既婚で銘柄にこだわるという基準はセグメント 1 と同じだが，世帯構成人数が比較的少ない家計で，全体の 21% である．3 番目のセグメント 3 は，既婚で銘柄にはこだわらず，シャンプーに関して高いと感じる価格

	既婚/未婚	銘柄へのこだわり	世帯構成人数	価格感度	所得水準	セグメント
[全サンプル] 54.73 (1000)	[既婚] 64.35 (642)	[こだわる] 73.89 (298)	[5人以上] 82.03 (88)			セグメント1
			[4人以下] 70.48 (210)			セグメント2
		[こだわらない] 56.09 (344)		[高い] 60.37 (224)		セグメント3
				[低い] 48.09 (120)		セグメント4
	[未婚] 37.15 (358)				[高所得] 40.37 (114)	セグメント5
					[低所得] 35.64 (244)	セグメント6

図 3.2　シャンプーブランド購入意向

が高く，販売価格に対し感度の鈍い女性のセグメントで，全体の 22.4% となった．またセグメント 5 と 6 に見られるように，このブランドに対する未婚女性の購入意向は比較的低い．両セグメント合わせて 35.8% の規模である．

3.2.5 クラスタリングによるセグメンテーション（クラスター分析）
a．クラスター分析の考え方

クラスター分析は，消費者間の類似度の情報をもとに，消費者をいくつかの同質的なグループ（クラスター）に分類する手法である．AID では先に分割基準となる変数を選び，消費者グループの分割とセグメントの特徴の決定を同時に進めたが，クラスター分析では先にいくつかのセグメントが作られ，事後的にセグメントの特徴を解釈する．

このクラスター分析にも様々なものがあるが，大きく分けると階層的クラスターと非階層的クラスターに分けられる．階層的クラスターは，似ている消費者同士を 1 人ずつつなげてクラスターを形成していくものである．一方の非階層的クラスターは，クラスターの数をあらかじめ設定した後，偏差平方和などの基準で消費者のクラスターへの分類が最適になるように，消費者をまとめる手法である．2 つの手法を比較した際，前者は消費者数が多い場合に計算量が膨大になるデメリットを持つが，類似度をもとに消費者を 1 人 1 人まとめていく過程をイメージしやすい．なお最近ではコンピュータ性能の飛躍的な向上により，分析に用いる消費者数が多い場合でも計算量の多さは問題にならなくなっており，本書では階層的クラスターを紹介する．

b．デンドログラム

階層的クラスター分析では，消費者をクラスタリングする過程を表した樹形図（デンドログラム）が描かれる．図 3.3 は 10 人の消費者についてのデンドログラムである．縦軸の "Height" は消費者やクラスター間の距離であり，最も高さの低いところでクラスター化されている 3 と 9 が最も似ている消費者である．破線（距離が 60）では 4 つのクラスターがあり，点線（距離が 200）では 3 つのクラスターがある．ここでは説明のために少人数での例を用いたが，より多くの消費者データを用いるマーケットセグメンテーションでは，クラスター数は 3〜8 程度が扱いやすい．クラスターの数が多すぎると 1 つ 1 つのクラス

Cluster Dendrogram

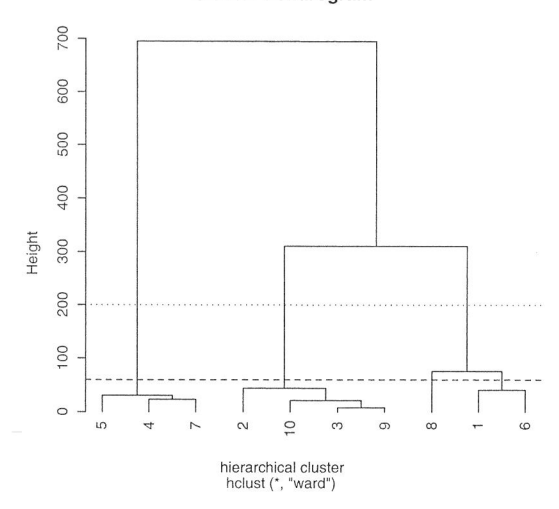

図 3.3 デンドログラム

ターに充分な消費者がいない可能性があり，少なすぎるとクラスター間の差異を把握しきれていない可能性がある．この範囲で，各クラスター数の場合におけるクラスターの性質を考えながら最適なクラスター数を決めることになる．

c．類似度の尺度

クラスター分析を行うために，まず消費者間の類似度，もしくは非類似度を定義する．また，これは用いるデータの種類によって適宜変更する必要がある．データが量的データである場合は，ユークリッドの距離やマハラノビスの距離など，消費者間の距離を指標とする．遠ければ遠いほど大きな値になることから，非類似度の指標ともいわれる．一方でデータの種類が間隔尺度の場合はピアソンの相関係数を，順序尺度の場合にはグッドマン–クラスカルのガンマ係数を，名義尺度の場合には一致係数やファイ係数を用いることが提案されている．これらは近ければ近いほど大きな値になるため，類似度の指標といわれる．これら類似度は，1からの差をとることで距離（非類似度）として用いることが可能である．

各指標を以下に示す．いま 2 人の消費者 i と j に関して p 個の類似項目があるとする．x_{ik} は消費者 i の k 番目の項目である．

1) 量的データ：ユークリッド距離（非類似度）

$$d_{ij} = \sqrt{\sum_{k=1}^{p}(x_{ik}-x_{jk})^2} \qquad (3.4)$$

2) 間隔尺度：ピアソンの相関係数（類似度）

$$r_{ij} = \frac{\sum_{k=1}^{p}(x_{ik}-\bar{x}_i)(x_{jk}-\bar{x}_j)}{\sqrt{\sum_{k=1}^{p}(x_{ik}-\bar{x}_i)^2 \sum_{k=1}^{p}(x_{jk}-\bar{x}_j)^2}} \qquad (3.5)$$

3) 順序尺度：グッドマン–クラスカル (Kruskal, 1964a,b) の γ 係数（類似度）

$$\gamma = \frac{n_a - n_b}{n_a + n_b} \qquad (3.6)$$

項目 k, l（ただし $k \neq l$）について，n_a は $[x_{ik} > x_{il}$ かつ $x_{jk} > x_{jl}]$ もしくは $[x_{ik} < x_{il}$ かつ $x_{jk} < x_{jl}]$ となっている項目の数，n_b は $[x_{ik} > x_{il}$ かつ $x_{jk} < x_{jl}]$ もしくは $[x_{ik} < x_{il}$ かつ $x_{jk} > x_{jl}]$ となっている項目の数である．

4) 名義尺度：一致係数（類似度）

$$一致係数 = \frac{n}{p} \qquad (3.7)$$

ここで n は $x_{ik} = x_{jk}$ となる項目数である．

d. クラスタリングの手続き

データに適した類似度の尺度を採用して消費者間の距離を求めた後，最も距離が近い消費者同士を1つのクラスターとしてまとめることから分析はスタートする．一部がクラスター化したデータとの距離を再計算し，再び距離の近い消費者やクラスターをまとめることを繰り返す．

図3.4はこのプロセスを示している（左から右に進む）．一番右が完成形である．下段のデンドログラムは，横軸の数字 $(1, 2, \cdots, 6)$ が消費者，縦軸がクラスター間の類似度を示す．丸数字はクラスターが形成される順番を示している．また上段の図は，消費者が相互に非類似度という距離をもって分布している様子を表したもので，似ている（非類似度の低い）ものから円で囲まれクラスターが作られていく過程を示している．最も近くに存在している5と6が，最初に

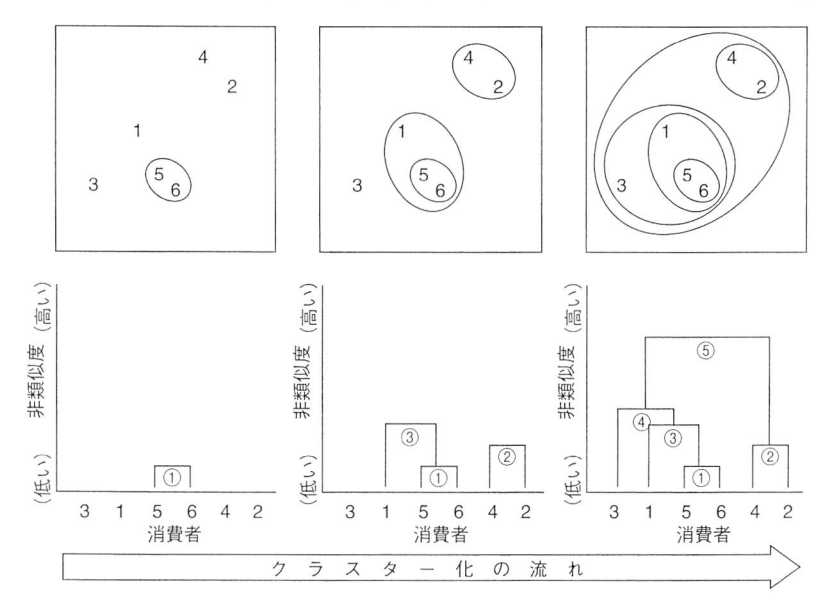

図 3.4 階層的クラスターのプロセス

クラスター①を形成する．次に 4 と 2 の類似度が高く，クラスター②を形成する．順次，クラスター①と消費者 1 でクラスター③，クラスター③と消費者 3 でクラスター④が作られ，最終的にクラスター②と④を併合して完成する．

e．クラスター間距離の定義

消費者間の類似度についてはすでにデータの測定尺度ごとに距離指標を紹介したが，分析を進める上でクラスターと消費者，クラスターとクラスター間の類似度を測る必要がある．そこで，このクラスター間の距離（コーフェン距離）の定義を図 3.5 を用いていくつか紹介する．

図 3.5 ではクラスター s と，クラスター p, q を併合したクラスター r を考える．d は添え字のクラスター間の距離を表す．クラスター p, q にはそれぞれ n_p, n_q 人の消費者が属しているとする．このとき，各クラスター間の距離は次で定義される．

1) 最近隣法：それぞれのクラスター内で最も近い消費者間の距離をクラスター間の距離とする方法

$$d_{rs} = \min(d_{ps}, d_{qs}) \tag{3.8}$$

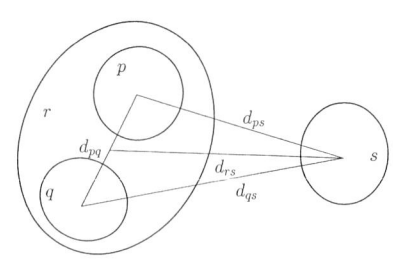

図 3.5 クラスター間距離

2) 最遠距離法：それぞれのクラスター内で最も遠い消費者間の距離をクラスター間の距離とする方法

$$d_{rs} = \max(d_{ps}, d_{qs}) \tag{3.9}$$

3) 群間平均法：それぞれのクラスター内消費者1人1人の距離を平均したものをクラスター間の距離とする方法

$$d_{rs} = \frac{n_p}{n_p + n_q} d_{ps} + \frac{n_q}{n_p + n_q} d_{qs} \tag{3.10}$$

4) 重心法：クラスター内消費者数を反映し，それぞれのクラスターの重心間の距離をクラスター間の距離とする方法

$$d_{rs} = \frac{n_p}{n_p + n_q} d_{ps} + \frac{n_q}{n_p + n_q} d_{qs} - \frac{n_p n_q}{n_p + n_q} d_{pq} \tag{3.11}$$

5) メディアン法：重心法の単純形で，あるクラスターの内部に含まれるクラスターの重心間の距離の中央値同士の距離を用いる

$$d_{rs} = \frac{1}{2} d_{ps} + \frac{1}{2} d_{qs} - \frac{1}{4} d_{pq} \tag{3.12}$$

6) ウォード法：最もよく用いられる手法で，最小分散法とも呼ばれる．2つのクラスターを統合する際に，クラスター内平方和の増分が最も小さいもの同士を併合するもので，下記で定義される

$$d_{rs} = \frac{n_p + n_s}{n_p + n_q + n_s} d_{ps} + \frac{n_q + n_s}{n_p + n_q + n_s} d_{qs} - \frac{n_s}{n_p + n_q + n_s} d_{pq} \tag{3.13}$$

Rによる分析例

あるシャンプーブランドの購入意向データに関してクラスター分析を行い，消費者をセグメンテーションする．300人分のアンケートデータを用い，100点満点での購入意向評価，世帯の構成人数，価格感度（高いと感じる価格），さらに名義尺度で測定された銘柄へのこだわりの有無，婚姻の有無，子供の有無の合計6項目を分析する．

図3.6にあるRのコードを用いて分析を行った．表3.2はクラスターに属する消費者について平均値を計算したものである．クラスター間の距離はウォード法で計算し，分析に使用したユークリッド距離とコーフェン距離との相関は0.913であった．クラスターの特徴が良く出ていたので，クラスター数は6つとし，各クラスターのプロフィールを解釈する．各クラスターには購入意向の高い順に番号を付けてある．購入意向の最も高いクラスター1は既婚で子供がおり，世帯の構成人数が多く，高いと感じる価格水準も高い（900円を超えている）．クラスター2は既婚で子供がおらず，

```
## 階層的クラスター分析
n.clst=6    # クラスター数
## Load Data
data1=read.table("segm.txt",header=T,row.names=1)
data.seg=data1[1:300,]
colnames(data.seg)=c("PI","MR","CH","NH","PR","BR")
data.pi=data.seg[,1]
## Data Summary
apply(data.seg,2,mean)
## Euclidean Distance
data_d=dist(data.seg)
## Hierarchical Clustering
data_hc=hclust(data_d,"ward")
summary(data_hc)
coph_d=cophenetic(data_hc)
cor_d=floor(cor(coph_d,data_d)*1000)/1000
aa_x=paste("r=",as.character(cor_d))
plot(data_hc,hang=-1,xlab=aa_x)

## Clustering
data_cl=cutree(data_hc,k=n.clst)
## Cluster Profile
data_hc_1=cbind(data_cl,data.seg)
mean_seg=matrix(0,n.clst,2+ncol(data.seg))
rownames(mean_seg)=as.character(c(1:n.clst))
colnames(mean_seg)=c("size","PI",colnames(data.seg))
for (i in 1:n.clst){
    mean_seg[i,2:ncol(mean_seg)]=
       apply(data_hc_1[data_hc_1[,1]==i,],2,mean)
    mean_seg[i,2]=mean(data.pi[data_hc_1[,1]==i])
    mean_seg[i,1]=sum(data_hc_1[,1]==i)
}
aa_x
mean_seg
```

図 3.6　階層的クラスター分析のコード

表 3.2　クラスターのプロフィール (ウォード法, $r = 0.913$)

	消費者数	購入意向	既婚/未婚	子供の有無	世帯構成人数	価格感度	銘柄
クラスター 1	26	74.00	1.00	1.00	4.46	903.92	0.62
クラスター 2	67	60.49	0.85	0.28	2.12	683.52	0.57
クラスター 3	74	55.50	0.66	0.23	1.92	717.42	0.59
クラスター 4	41	55.46	0.66	0.41	2.73	949.41	0.49
クラスター 5	42	52.81	0.55	0.38	2.52	853.38	0.60
クラスター 6	50	41.58	0.38	0.02	1.46	901.86	0.70

高いと感じる価格が低い．最も購入意向の低いクラスター6は，未婚で銘柄にこだわる消費者グループのようである．

今回のデータを見てみると，婚姻の有無と子供の有無，さらに世帯構成人数は相関が高いと考えられる．このような場合には，あらかじめ因子分析を行い，互いに相関関係のないデータをクラスター分析に用いるのが妥当である．また，基準となる変数の数が多い場合にも，あらかじめ因子分析を行い，変数を減らすとよい．

3.3　ターゲティング

3.3.1　市場の競争要因

セグメント内の同質性，測定可能性，接近可能性，市場規模の条件を満たすセグメンテーションが実行され，市場がどのような消費者で構成されているかを把握できたならば，次はどのセグメントにターゲットを絞るかを決定する．ターゲットを絞るためには各セグメントの魅力度を評価する必要がある．ここでは収益性や自社の強みと弱み，経営資源との適合度など，評価する際に考えなくてはならない項目を紹介する．またターゲットとするセグメントは1つとは限らず，いくつかのセグメントを組み合わせてターゲットとすることもある．

セグメントの規模と成長率に関しては，セグメントのプロフィールから推測できる可能性がある．セグメントの収益性の評価には，Porter(1980)において提唱された業界構造分析のフレームワーク（ファイブフォース分析）が活用できる．これは，セグメントに影響する5つの競争要因から収益性を考えるものである．以下で簡単に紹介する．

1) 競合状況：まず競合他社が多ければ競争が激しく，セグメントの魅力度は低い．既存製品間の競合関係だけでなく，以下に挙げる代替製品の有無や新規商品の参入により，敵対関係が急激に変化する可能性がある．
2) 新規参入の脅威：現在において既存商品間の競争が少ない状態であったとしても，参入障壁が低ければ今後競争が激化する可能性がある．参入障壁には，規模の経済性や必要とされる資本額，政府の規制の変更など

が挙げられる.
3) 代替品の可能性：既存の製品やサービスとは異なる製品でありながら既存製品と同等の価値を提供するものの存在は，既存サービスの存在価値を弱める可能性がある．
4) 消費者の交渉力：そのセグメントを構成する消費者の強さのことである．一般的に日用品ほど強く，セグメントで独占的な製品では弱くなる．
5) 供給業者の交渉力：原材料を供給する企業が独占や寡占の状態で強くなる．

これら市場規模，成長性，収益性といったセグメントの魅力度と，自社の経営資源（ヒト・モノ・カネ）の制約からアプローチ可能なセグメントはどこかを考え併せ，ターゲットとするセグメントを絞り込む．

3.3.2 ターゲティング戦略

セグメントの選び方は次の3種類が考えられる．図3.7では外側の円が市場全体を意味し，円の内部で区切られている部分がセグメントである．斜線や網掛けになっている部分が，ターゲットとするセグメントを意味している．

1) 集中的マーケティング：単一のセグメントに経営資源を集中的に投下し，特定セグメントのニーズに適合する製品やマーケティング戦略を展開する．
2) 差別化マーケティング：複数のセグメントに対し，それぞれのセグメントに適した製品やマーケティング戦略を展開する．図3.7のA，B，Cは，それぞれ異なる製品やマーケティング対応を意味している．

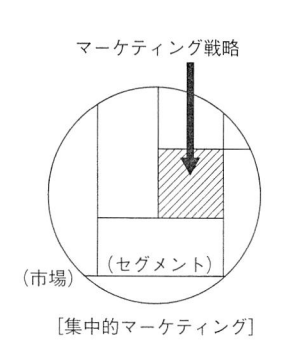

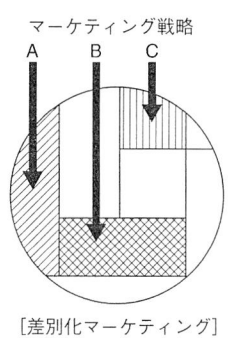

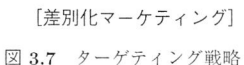

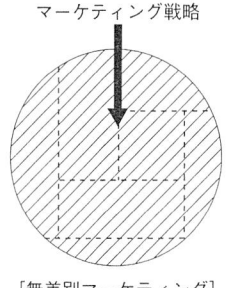

図 3.7 ターゲティング戦略

3) 無差別マーケティング：市場の異質性よりも共通性を重視し，セグメントに関係なく市場全体に製品やマーケティング戦略を展開する．

どの戦略を選ぶかは企業の規模（経営資源の量）にも依存する．小さな企業では資源の制約が厳しく，複数のセグメントを選ぶのが難しいこともある．反対に業界におけるリーダー企業であれば，差別化しつつ全セグメントに対応することも可能であろう．

3.4　ポジショニング

3.4.1　定義と目的

セグメンテーションによって市場をセグメントに分割し，自社がどのセグメントをターゲットとするかが決まったならば，次はどのような製品・サービスを提供すればよいかを考える必要がある．そこでターゲットセグメント内で，数ある競合他社製品と比して自社製品がどのように知覚されているかを知るため，ポジショニング分析を行う．

ポジショニング分析を行う目的は，消費者の頭の中において自社製品が他社製品との関係の中で，どのように位置づけられているかを知ることである．他社との競争がないところへ既存製品をポジショニングしなおす際に利用でき，新製品開発における市場機会の発見にも利用できる．また，自社製品間での共食い（カニバリゼーション）の回避にも活用できる．

ポジショニングの決定は，マーケティング 4P 戦略の設計図を作ることに相当する．どのような製品を提供するかを決めることではじめて，プロモーションや価格設定などの意思決定が可能となる．極端な例ではあるが，仮にポジショニングを行わずに 4P 戦略を決定した場合には，広告では高級品のイメージを訴求する一方で，価格は店頭での値引率が大きいなど，整合性のとれないマーケティング戦略を展開してしまう可能性もある．

3.4.2　知覚マップ

ポジショニング分析の方法は知覚マップを作ることにより行う．これは製品ブランドの属性に対する消費者の評価や，製品ブランド間の類似度の評価によっ

て，2次元または3次元の空間上に各ブランドを配置したものである（2.2.3項参照）．マップ上で近い位置に配置されるブランドは，消費者に類似品であると知覚される，つまり競争関係にあることを示している．

片平 (1987) の分類に従うと，知覚マップの作成方法はブランドに関連する属性データによって作成する属性データアプローチと，ブランド間の類似度データをもとに作成する類似度データアプローチとに分類できる．本書では前者の方法として因子分析による方法，後者については多次元尺度法 (MDS：multi-dimensional scaling) を紹介する．

3.4.3 属性データと類似度データ

属性データアプローチと類似度データアプローチについて，まず両データにおけるアンケートデータの集め方とその特徴を紹介する．

属性データは，分析の対象とするブランドに関係するであろう属性についての質問項目を，内容が似通ってもよいので，できるだけ網羅するように多数用意し，アンケートの対象者に5点尺度やSD(semantic differential) 法によって評価してもらう．以下に特徴および注意点を挙げる．

1) 知覚されるブランドの属性を網羅する必要がある：製品ブランドを属性に分解して評価してもらうため，分解しきれなかった属性については評価されない．そのようなアンケートによって作られた知覚マップは真の姿を表現していない．
2) 言葉の意味の差異：ターゲットとする消費者の世代や所属するグループによって，同じ単語でも異なるニュアンスで解釈されることがある．アンケートの質問項目を作成する前に，予備的な調査によって対象者の言葉の使い方を把握する必要がある．
3) 回答者の負担が比較的軽い：アンケートの回答者が知らない項目に対しては答えてもらう必要がない．そのため，回答者の負担増大に伴い収集データの信頼性が損なわれるという事態を避けることができる．

また類似度データは，ブランド間の類似度をすべてのブランドの組合せについて回答してもらうものである．評価の方法は，各組合せの類似度を5点尺度や7点尺度の点数で評価してもらう方法と，各組合せの似ている順に順位を付

けてもらう方法がある．以下に特徴および注意点を挙げる．

1) 組合せ数の多さ：組合せの数は，対象とするブランド数の 2 乗に比例して増加する．分析するブランドが 6 個であればペアの数は 15 なので評価が可能であるが，例えば 10 個のブランドで類似度データを集めようとすると，組合せは 45 個にもなり，順位付けは困難である．
2) 属性データ収集での難点を回避できる：ブランドの属性に関する評価は必要ないので，属性データを集める場合と異なり，知覚される属性を網羅する必要がない．また，質問に使用する単語の解釈に起因する問題も起こらない．
3) 回答者の負担が比較的重い：類似度データを集める際には，アンケートの対象者がすべてのブランドについて理解している必要がある．理解が不足した状態での回答はデータの信頼性を損なうことにつながる．

次に，完成した知覚マップを解釈する際にも両者の手法には違いがある．属性データに基づく知覚マップでは，軸の特性が属性によって特徴付けられるので，分析結果から軸の意味を解釈することが比較的容易である．一方，類似度データにより作られる知覚マップでは，軸の意味をマップ上に布置されたブランドそのものから解釈しなければならない．これには各ブランドに対する充分な知識が不可欠である．

2 つのアプローチは，それぞれデータの集め方や知覚マップの軸の解釈の仕方に強みと弱みを抱えているため，どちらのアプローチを採用するのが妥当かは分析の目的により異なる．

3.4.4 因子分析によるポジショニング分析

因子分析の理論的な説明は 3.4.3 項に示したとおりである．ここでは因子分析を用いたポジショニング分析例を紹介する．

R による分析例：因子分析

表 3.3 は，価格.com[*1)]における，2008 年 12 月 26 日時点でのノートパソコンの「売れ筋ランキング」上位 10 機種の製品仕様データ（上段）と製

[*1)] http://kakaku.com/

3.4 ポジショニング

品評価データ（下段）を示したものである．ただし分析には 2008 年の 10 月までに販売開始された機種のみを使用する．下段の評価項目と意味は以下のとおりで，5 点尺度で評価されている．点数が大きいほど評価が高く，回答者が回答できない項目に関しては無回答にすることもできる．

- デザイン [Dsg]：見た目のよさ，質感
- 処理速度 [Sp]：ストレスなく快適な処理が行えるか
- グラフィック性 [Grp]：必要十分な描画性能を備えているか
- 拡張性 [Exp]：拡張スロットやポートの数は充分か
- 使いやすさ [Fnc]：機能性，キーボードやパッドの使いやすさ

表 3.3　ノートパソコン製品評価データ

製品 No.	メーカー	発売日	最安価格	液晶サイズ (inch)	CPU (GHz)	HDD (GB)	メモリ (GB)	駆動時間 (h)	重量 (kg)
1.	NEC	821	85050	15.40	2.10	250	2	1.20	2.90
2.	Dell	905	34980	8.90	1.60	100	1	3.60	1.04
3.	Sony	1004	157980	16.40	2.26	320	2	3.00	3.20
4.	東芝	823	99790	15.40	2.26	320	2	1.30	2.70
5.	Panasonic	1017	120000	10.40	1.20	120	1	8.00	0.93
6.	Acer	823	41474	8.90	1.60	120	1	3.00	1.10
7.	ASUS	1021	49649	10.00	1.60	160	1	6.90	1.45
8.	Sony	517	114799	11.10	1.20	100	2	11.00	1.22
9.	東芝	823	99780	15.40	2.26	320	2	1.30	2.70
10.	Sony	1011	89700	15.40	2.26	250	2	3.00	2.90

製品 No.	評価者数	デザイン [Dsg]	スピード [Sp]	処理速度 [Grp]	拡張性 [Exp]	使いやすさ [Fnc]	携帯性 [Mov]	バッテリー [Pow]	液晶 [View]	満足度 [Sts]
1.	9	4.59	4.66	3.58	4.17	4.67	3.00	2.66	4.42	4.50
2.	39	4.79	4.15	3.77	4.03	3.79	4.71	3.97	4.49	4.53
3.	11	5.00	4.60	4.59	4.30	4.74	3.42	3.90	5.00	5.00
4.	30	4.55	4.31	3.96	3.93	3.91	2.77	2.50	3.28	3.95
5.	3	3.67	4.33	3.67	4.00	4.67	5.00	4.33	4.33	5.00
6.	124	4.57	4.24	3.91	3.62	4.16	4.62	3.07	4.40	4.47
7.	34	4.23	4.12	3.65	3.63	4.36	4.09	4.71	4.27	4.74
8.	6	5.00	3.46	3.19	3.30	3.49	4.39	4.48	4.39	3.36
9.	5	5.00	4.64	4.45	4.27	4.63	4.16	3.22	4.45	4.98
10.	7	3.89	4.06	3.51	3.68	3.65	3.49	3.70	4.06	3.70

製品名：1. LaVie L アドバンストタイプ LL750/RG, 2. Inspiron Mini 9, 3. VAIO type F VGN-FW71DB/W, 4. dynabook TX TX/66G PATX66GLP, 5. Let's note LIGHT R8 CF-R8EW6AJR, 6. Aspire one AOA150-Bw, 7. Eee PC 1000H-X (パールホワイト), 8. VAIO type T VGN-TZ73B, 9. dynabook TX TX/66L PATX66GLPBL, 10. VAIO type N VGN-NS50B/W. 発売日はすべて 2008 年．
(出所) http://kakaku.com/ (2008 年 12 月 26 日時点 ノートパソコン ユーザーレビュー)

- 携帯性 [Mob]：軽さ・コンパクトさ
- バッテリーの持ちのよさ [Pow]：バッテリーの持続時間
- 液晶の見やすさ [View]：液晶画面の品質
- 全体的な満足度 [Sts]：全体的な満足感，総合評価

因子分析には表 3.3 下段のデザインから液晶までの 8 項目を用いる．図 3.8 は R の factanal 関数を用いた分析結果である．上から順に説明すると，設定した因子数は 3 (n.fact と表記されている)，因子の回転はバリマックス回転を指定した．共通因子で説明できない独自因子 (uniquenesses) では [Mob] が 0.634 で比較的大きい．因子負荷量 (loadings) は設定した 3 因子まで出力されており，これを棒グラフにしたものが図 3.9 である．第 1 因子は [Sp], [Grp], [Exp], [Fnc] の項目が高く，パソコンの基本的な処理能力や機能性を示しているようなので「機能性」と意味付ける．第 2 因子は [Pow], [Mov], [View] の項目が高くバッテリーの持ちのよさを中心とする「利便性」と意味付ける．第 3 因子は [Dsg] の項目が高いので「デザイン」とする．また，各因子の説明力である寄与率は第 1 因子で全体の 41.5%，3 因子合計で 79.8% である．

```
## 因子分析による知覚マップ作成
n.fact=3      #因子数
## Load Data
data_posi=read.table("posi.txt",header=T,row.names=1)
data_ana=data_posi[,4:11]
colnames(data_ana)=
  c("Dsg","Sp","Grp","Exp","Fnc","Mob","Pow","View")
n.brnd=nrow(data_posi)
## Factor Analysis
posi.fac=factanal(data_ana,factors=n.fact,
rotation="varimax",scores="regression")
posi.scr=cbind(posi.fac$scores,matrix(1,nrow=n.brnd,ncol=1))
posi.load=posi.fac$loading
posi.fac
## Factor Loadings
for (i in 1:n.fact){
  windows()
  aa=paste("Factor",as.character(i),sep="")
  barplot(posi.fac$loading[,i],main=aa)
}
## Perceptual Map
rng=c(-3,3)
for (i in c(1:(n.fact-1))){
for (j in c((i+1):n.fact)){
  windows()
  plot(posi.scr[,c(i,j)],xlim=rng,ylim=rng,type="n")
  text(posi.scr[,c(i,j)],rownames(posi.scr[,c(i,j)]),cex=1.5)
  par(new=T)
  plot(posi.load[,c(i,j)],col=1,
    xlim=rng,ylim=rng,xlab="",ylab="",type="n")
  text(posi.load[,c(i,j)],rownames(posi.load[,c(i,j)]),cex=1.5)
  abline(h=0,v=0,lty=0,col=1)
}}
```

```
Call:
factanal(x=data_ana,factors=n.fact,
    scores="regression",rotation="varimax")
Uniquenesses:
  Dsg    Sp   Grp   Exp   Fnc   Mob   Pow  View
0.005 0.005 0.292 0.137 0.163 0.634 0.005 0.374
Loadings:
      Factor1 Factor2 Factor3
Dsg                    0.992
Sp     0.934  -0.349
Grp    0.752  -0.106   0.364
Exp    0.900  -0.188   0.132
Fnc    0.910
Mob   -0.155   0.580
Pow   -0.223   0.967  -0.101
View   0.412   0.559   0.379
               Factor1 Factor2 Factor3
SS loadings     3.322   1.765   1.298
Proportion Var  0.415   0.221   0.162
Cumulative Var  0.415   0.636   0.798
Test of the hypothesis that 3 factors are sufficient.
The chi square statistic is 2.86 on 7 degrees of freedom.
The p-value is 0.898
```

図 3.8 因子分析による知覚マップ出力コードと因子分析結果

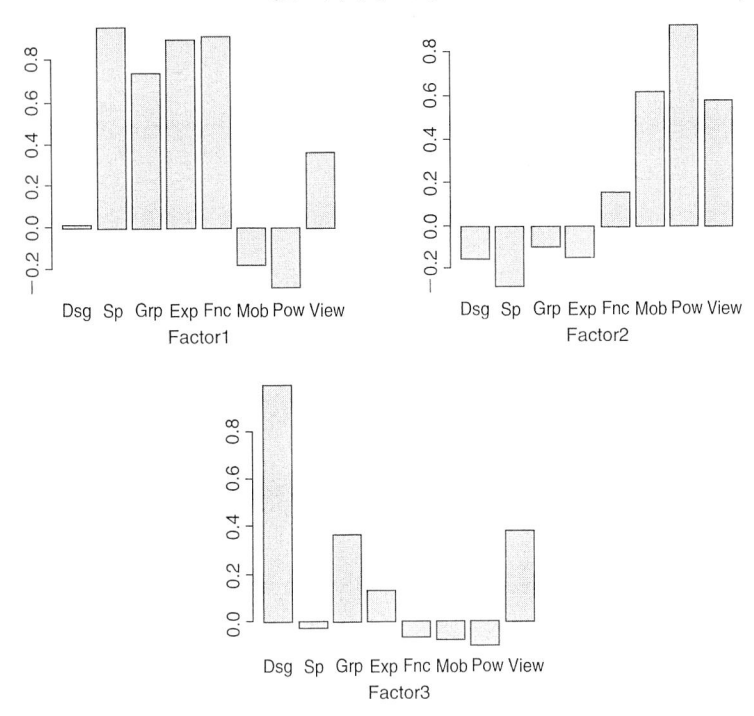

図 3.9 回転後の因子負荷量

各製品ブランドの因子スコアを散布図にしたものが図3.10の知覚マップである．知覚マップから以下のことが見て取れる．
1) 第1因子「機能性」と第2因子「利便性」のマップ
   − 3は機能性も利便性も比較的高く評価されているようである．
   − 2, 5, 7は特に利便性という軸で競争関係にあるようである．
   − 8は利便性に特化した製品として認識されているようである．
2) 第1因子「機能性」と第3因子「デザイン」のマップ
   − 比較的高い機能性とデザイン性で，3と9が強い競争関係にある．
   − 8はデザインに特化した製品としても認識されているようである．
3) 第2因子「利便性」と第3因子「デザイン」のマップ
   − 利便性とデザイン性に優れているという評価では，Sonyの3と8の製品は共食い状態になっている．

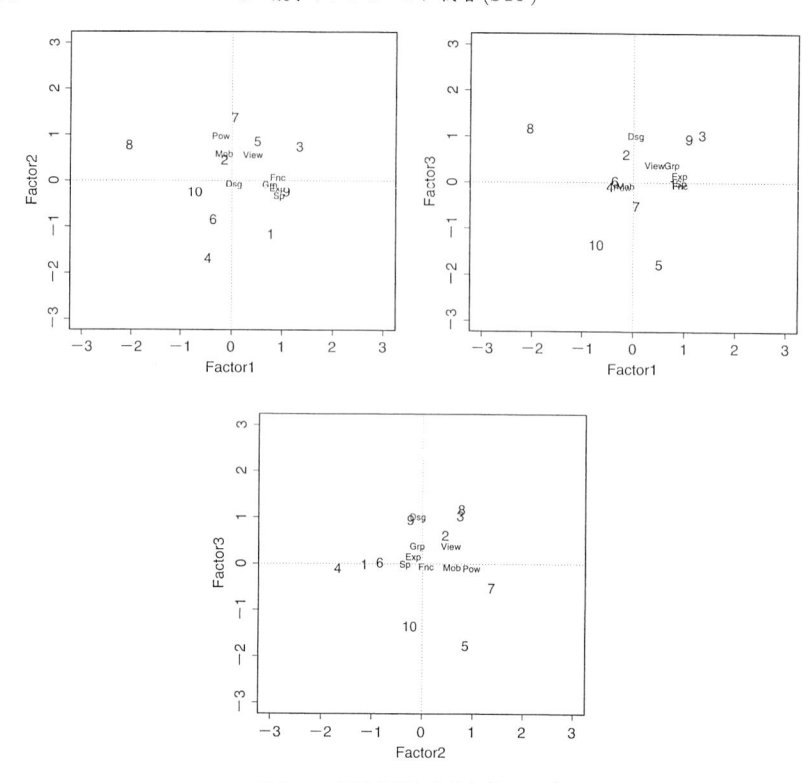

図 3.10 因子分析による知覚マップ

3.4.5 計量 MDS によるポジショニング分析

a. 計量 MDS の考え方

MDS（多次元尺度法）は複数の対象間の距離が与えられたときに，対象間の距離とできるだけ一致するように空間上に対象を配置する方法である．例えば，道路地図に付録として付いてくる高速道路の料金所間距離のデータから，料金所の位置を示すマップを作るようなものである．ここでは，消費者が知覚する製品ブランド間の類似度データから知覚マップを作成する際に用いる．

MDS は扱うデータが計量的か非計量的かによって手法が異なり，それぞれの手法は計量 MDS と非計量 MDS と呼ばれる．計量 MDS にも，非類似度をもとにマップを作成する古典的 MDS と，類似度をもとに作成する主座標分析

があるが，後の R の関数 cmdscale を用いた分析例では Torgerson(1952) の古典的 MDS で分析を行うので，本書ではそちらを説明する．

b. 計量 MDS の計算手順

基本的な MDS である古典的 MDS で分析を行うためには，まずデータとして各対象間の距離を測定した対称行列を用意する必要がある．以下では知覚マップ作成を例に古典的 MDS の説明を進める．n 個の製品ブランドを 2 次元のマップに配置する状況を想定し，ブランド i, j 間の非類似度を距離と見立てて d_{ij} とする．データとして与えられているのはこのブランド間の距離 d_{ij} であり，距離の公理から自分と自分の距離はゼロである ($d_{ii} = 0$)．同じように $d_{ij} = d_{ji} \geq 0$ も満たす必要がある．この d_{ij} には式 (3.4) で与えられているユークリッド距離を定義しておく．

いま，相対的な距離である d_{ij} に対し，ヤング–ハウスホルダー変換[*2)]を行い重心を原点とする距離のデータに変換したもののスカラー積（内積）を b_{ij} とする．

$$b_{ij} = -\frac{1}{2}\left(d_{ij}^2 - \frac{1}{n}\sum_{i=1}^{n} d_{ij}^2 - \frac{1}{n}\sum_{j=1}^{n} d_{ij}^2 + \frac{1}{n^2}\sum_{i=1}^{n}\sum_{j=1}^{n} d_{ij}^2\right) \quad (3.14)$$

右辺の括弧の中を見ると，i 行 j 列の距離から行と列それぞれの平均を引き全体の平均を足している．

また，重心を原点としたときのブランド i のマップ上の k 次元での座標を x_{ik} とし，この座標ベクトルを $x_i = (x_{i1}, \cdots, x_{in})$ とすると，内積は

$$b_{ij} = x_i x_j' = \sum_{k=1}^{n} x_{ik} x_{jk} \quad (3.15)$$

となる．式 (3.14) と合わせると，これはブランド間の距離からブランド間の内積が求まることを意味しており，この内積からブランドの座標を計算することで計量 MDS によるマップが描ける．一般的には内積行列を $B = \{b_{ij}\}$，座標行列を $X = \{x_{ik}\}$ とし，B を次のように固有値分解すればよい．

$$B = W\Lambda^{1/2}\Lambda^{1/2}W' = XX' \quad (3.16)$$

[*2)] Young and Householder(1938) や Horst(1965)，永田・棟近 (2001) を参照．

ここで W は固有ベクトル，Λ は n 次元の固有値の対角行列である．これをエッカート–ヤングの定理[*3]により，X を固有値の大きい方から 2 つの次元で近似した $\tilde{X}$ が，2 次元のマップの座標である．

$$B \approx \tilde{X}\tilde{X}', \quad \left(b_{ij} \approx \sum_{k=1}^{2} x_{ik}x_{jk}\right) \tag{3.17}$$

R による分析例：計量 MDS

ここでは表 3.3 の 10 ブランドのノートパソコンのデータについて，デザイン [Dsg] から液晶 [View] までの 8 項目のデータを用いてブランド間の相関行列を求め，1 から引いたものを非類似度のデータとして用いる．自ブランド同士の非類似度はゼロ，最も似ていないブランドは 2 になる．

結果は図 3.12 のようになる．2 次元までのマップ上でのブランド間距離を δ_{ij}^2 とすると，マップの実データ d_{ij}^2 との当てはまりのよさは相関係数の 2 乗の値で測定される．今回の分析では 0.899 で，当てはまりはよい．もし 2 次元で近似の精度が悪い場合には，3 次元に増やすことで改善される．

MDS は非類似度のデータのみを利用してマップを作っているので，軸の解釈が難しい．今回使用したデータには消費者による製品評価だけでなく，製品仕様のデータも掲載してあるので，それをもとに軸の意味を考えてみよう．まず x 軸で大きな値を持っているのはブランド 1,3,4,9 で，逆に値が

```
## 計量MDSによる知覚マップ
n.dim=2      ##次元数の決定
## Data Reading
data_posi=read.table("posi.txt",header=T,row.names=1)
## Dissimilarity
data.z=scale(data_posi[,4:11])
ncor.data.z=1-cor(t(data.z))
## classical MDS
posi.cmds=cmdscale(ncor.data.z,k=n.dim,eig=TRUE)
coodn=posi.cmds$points
## R2
dhat.cmds=dist(coodn)
real.lo=ncor.data.z[lower.tri(ncor.data.z,diag=F)]
r2.cmds=cor(real.lo,as.vector(dhat.cmds))^2
r2.cmds=floor(r2.cmds*1000)/1000
## Perceptual Map
lab.vec=c(1:(n.dim+2))
lab.vec[1]=paste("x-axis","(R2=",as.character(r2.cmds),")")
lab.vec[2]="y-axis"
lab.vec[3]="z-axis"
for (i in c(1:(n.dim-1))){
for (j in c((i+1):n.dim)){
windows()
plot(coodn[,c(i,j)],xlab=lab.vec[i],ylab=lab.vec[j],type="n")
text(coodn[,c(i,j)],rownames(coodn[,c(i,j)]),cex=1.5)
abline(h=0,v=0,lty=3,col=1)
}}
```

図 3.11 計量 MDS コード

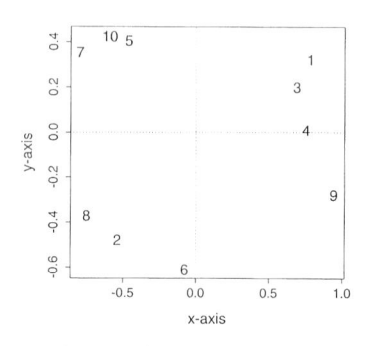

図 3.12 計量 MDS 知覚マップ

[*3] Eckart and Young(1936) を参照．

小さいのはブランド 2,7,8,10 である.この 2 グループには CPU と HDD 容量において差があるようなので,x 軸は「ハイスペック/ロースペック」の軸であると解釈する.y 軸については,傾向が強い方にブランド 1,5,7,10 が,反対側にはブランド 2,6 が分布している.こちらの方は解釈が難しいが,ブランド 2,6 は液晶が小さいモバイルタイプのようである.少々無理はあるが,y 軸は「液晶サイズの大小」を示した軸であると判断する.

ポジショニングの結果からは,以下のことが見て取れる.

1) $\{1,3\}$,$\{2,8\}$,$\{5,7,10\}$ の 3 グループで類似度が高く競争関係にある.
2) 3 製品がランキングに入っている Sony では共食いすることなく,異なる製品として消費者に知覚されている.
3) 競合がない空間を探してみると,6 と 9 の中間のような製品,つまりそこそこの仕様で持ち運びに便利な製品に市場機会があるといえるであろうか.

3.4.6 非計量 MDS によるポジショニング分析

非計量 MDS で使用されるデータは距離の順位などの序列データである.ブランドの類似度など連続量で測定するのが困難なデータについては,順序尺度で測定するか,比例尺度で測定した類似度の順位だけをデータとして採用する方法がとられる.非計量 MDS にも様々な手法が存在するが,ここでは Kruskal(1964a,b) による手法を簡単に紹介する[*4].これは測定値である順位データをもとに,その順位関係を反映した連続量を求める方法である単調回帰と最適化を繰り返し,ストレスという損失関数を最小にするようにブランドの座標を決めるものである.以下で説明する.

先ほどの計量 MDS では連続量の距離データを d_{ij}^2 としたが,ここでは順位などの非計量データを計量データとみなして $D = \{d_{ij}^2\}$ とし,式 (3.14) により内積行列 B に変換する.固有値分解とエッカート–ヤングの定理から,

$$B \approx XX' \tag{3.18}$$

となり,先ほどは 2 次元であったが,ここでは r 次元に近似された座標行列

[*4] 片平 (1987) や齋藤・宿久 (2006) などが参考になる.

X が求まる.また r 次元でのマップを描くことを考えると座標ベクトルは $x_i = (x_{i1}, \cdots, x_{ik}, \cdots, x_{ir})$ となり,マップ上のユークリッド距離 δ_{ij} は,

$$\delta_{ij}^2 = \sum_{k=1}^{r} (x_{ik} - x_{jk})^2 \tag{3.19}$$

となる.

現在の座標から求めた距離 δ_{ij}^2 について,単調回帰により,$d_{ij} > d_{lm}$ のときに $\hat{\delta}_{ij} > \hat{\delta}_{lm}$ となるような,順位行列 D と順位が整合的な距離行列 $\hat{\Delta} = \left\{\hat{\delta}_{ij}^2\right\}$ を求める.

また β をパラメータ,ϵ_{ij} を正規分布に従う誤差として,次のような回帰モデルを考え,

$$\hat{\delta}_{ij}^2 = \beta \delta_{ij}^2 + \epsilon_{ij} \tag{3.20}$$

最小 2 乗推定値 $\hat{\beta}$ を求め $\hat{\Delta}$ を次のように基準化する.

$$\hat{\hat{\Delta}} = \left\{\hat{\hat{\delta}}_{ij}^2\right\} = \hat{\Delta}/\hat{\beta} \tag{3.21}$$

クラスカルのストレス (STRESS1)

$$S = \sqrt{\frac{\sum_{i=1}^{r}\sum_{j=1}^{r}(\hat{\hat{\delta}}_{ij}^2 - \delta_{ij}^2)^2}{\sum_{i=1}^{r}\sum_{j=1}^{r}\delta_{ij}^2}} \tag{3.22}$$

を最小にするような新しい座標 $X = \{x_{ik}\}$ を,最急降下法による最適化計算によって決定する.更新された座標から式 (3.19) に戻り,手順を繰り返し,前回のストレスからの改善が 0.001 以下になったところで最終的な座標とする.

最終的なストレスは,値が 0.2 以上で「悪い (poor)」,0.1 で「まずまず (fair)」,0.05 で「良い (good)」,0.025 で「すばらしい (excellent)」,0 で「完全に一致する (perfect)」と評価される.

R による分析例:非計量 MDS

データとして,計量 MDS の分析例で使用した 1 からブランド間の相関を差し引いた非類似度データに対して,似ている順に順位を付けたものを使用する.

分析の結果は図 3.14 のようになる．計量 MDS の結果である図 3.12 と比較してみると，5,7,10 の関係や 4 の位置が異なるが，おおまかな配置は同じである．図 3.14 では 4 と 9 がより強い競争関係にあると表現されているが，同じ東芝 dynabook の型番違いなので，計量 MDS よりも妥当な結果であるとも見受けられる．最終的なストレスの値は 8.27%である．

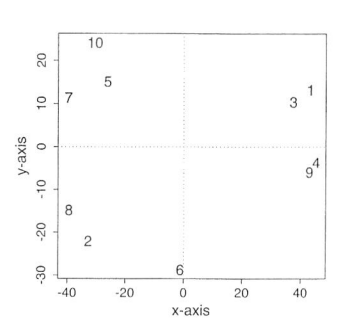

```
## 非計量MDSによる知覚マップ
n.dim=2      ## 知覚マップ次元数の決定
## Load Data
data_posi=read.table("posi.txt",header=T,row.names=1)
## Ssimilarity Ranking
data.z=scale(data_posi[,4:11])
cor.data_ana=cor(t(data.z))
rank.data_ana=matrix((rank(cor.data_ana)-0.5),10,10)
d.data_ana=max(as.vector(rank.data_ana))-rank.data_ana
## Non-metric MDS
library(MASS)
posi.imdsb=isoMDS(d.data_ana,k=n.dim)
coodn=posi.imdsb$points
rownames(coodn)=c(1:nrow(coodn))
stress=floor(posi.imdsb$stress*1000)/1000
## Perceptual Map
lab.vec=c(1:(n.dim+2))
lab.vec[1]=paste("x-axis","(STRESS=",as.character(stress),"(%))")
lab.vec[2]="y-axis"
lab.vec[3]="z-axis"
for (i in c(1:(n.dim-1))){
for (j in c(((i+1):n.dim))){
windows()
    plot(coodn[,c(i,j)],xlab=lab.vec[i],ylab=lab.vec[j],type="n")
    text(coodn[,c(i,j)],rownames(coodn[,c(i,j)]),cex=1.5)
    abline(h=0,v=0,lty=3,col=1)
}}
```

図 3.13 非計量 MDS コード　　図 3.14 非計量 MDS による知覚マップ

3.4.7 選 好 分 析

ここまでは MDS と因子分析を用いた知覚マップの作成について紹介した．これによって，自社製品が消費者にどのように知覚され，各製品群の中でどのような位置づけになっているかがわかり，どのようなポジションの製品が競争の少ない製品かを把握することは可能となった．しかし，例えば新製品の投入を考える場合，競争の少ない場所に新製品を投入したとしても，そこに消費者の需要がなければ見向きもされないのである．そこで，どのように知覚されているかだけでなく，どのような製品に需要があるかについても知ることができれば，ポジショニング分析は実りの多いものになる．

ここでは，これまでに紹介した知覚マップを与件として，消費者の選好の向きや理想的なポイントをマップの上に事後的に追加する手法を紹介する．これは知覚マップと選好の向きを選好データだけから同時に測定する方法と対比して「選好の外部分析」と呼ばれる．さらに，完成した知覚マップと消費者の選好を表現した選好マップを組み合わせたものを，ジョイントスペースマップと

呼ぶ.

　ジョイントスペースマップは消費者の選好をどのような関数で定義するかによって，理想ベクトルモデルと理想点モデルに分けられる．図 3.15 はこの 2 つの違いを示す図である．a, b が理想ベクトルモデル，c, d が理想点モデルである．a, c は，F1 と F2 の 2 因子からなる知覚マップ上に描いた選好空間を 3 次元で表現したものである．a, c の図を真上から見下ろしたものが b, d のジョイントスペースマップである．b, d の極細線は選好度の等高線である．理想ベクトルモデルは，選好ベクトルの方向に向かって原点から離れるほど選好度が高くなる．一方の理想点モデルは理想点において最も選好度が高く，理想点を離れるほど選好度は低くなっていく．

　また，理想ベクトルモデルの解釈の仕方には注意すべきことがある．図 3.15b にあるように，等高線のどの高さに位置するかが重要なのであり，ベクトルの突端に近いかどうかで製品ブランドに対する選好度の高低を判断するのは間違いである．本書の分析例に用いた R のコードではベクトルの長さを均一にし，方向性だけで判断することを促すようにしている．

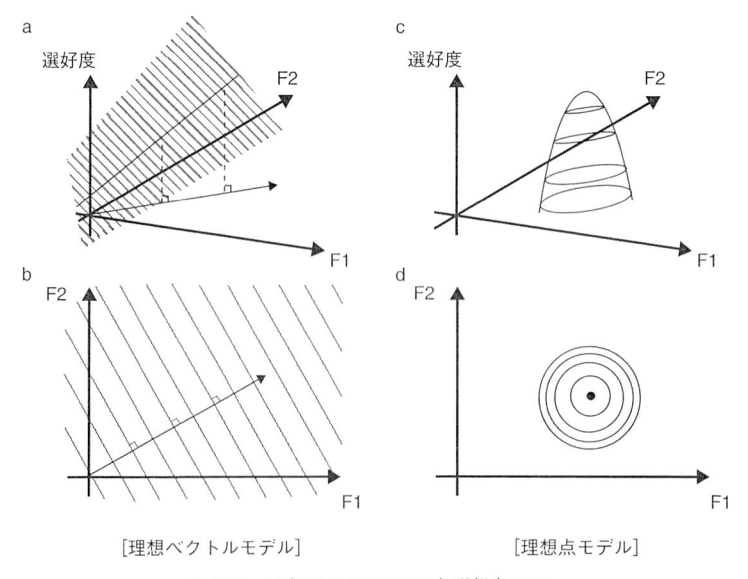

図 3.15　理想ベクトルモデルと理想点モデル

a. 理想ベクトルモデル

いま，r 次元で作られた知覚マップの，ブランド $j\,(j=1,\cdots,J)$ の次元 k 上での座標を x_{kj} とする．また，ある消費者の選好評価データを y_j，正規分布を仮定した誤差項を ϵ_j とし，次の回帰モデルで回帰係数 $b_k\,(k=0,1,\cdots,r)$ を推定する．

$$y_j = b_0 + \sum_{k=1}^{r} b_k x_{kj} + \epsilon_j \tag{3.23}$$

得られた推定値 $\hat{b}_k$ を知覚マップの第 k 軸の座標として，始点を原点に設定して描いたベクトルが，この消費者の理想ベクトルである．消費者に共通である各ブランドの知覚マップでの座標に対して，消費者ごとに異なる選好度を回帰させるので，理想ベクトルは消費者ごとに得られる．

b. 理想点モデル

イメージのしやすさを考慮して，ここでは一般的な r 次元での表現ではなく 2 次元の知覚マップを考える．理想点モデルではまず，ある消費者の理想点の座標を $(\tilde{x}_1, \tilde{x}_2)$ とし，同心円状の選好度の関数を考えると，これは次のように表現できる．

$$y_j = b_0 + b_1 (x_{1j} - \tilde{x}_1)^2 + b_1 (x_{2j} - \tilde{x}_2)^2 + \epsilon_j \tag{3.24}$$

例えば b_1 の係数推定値が負のときには，理想点の座標を頂点として上に凸の2次関数になり，図 3.15c のように理想点においては最も選好度が高く，そこから離れるほど選好度が下がる．また，それぞれの軸で同じパラメータ b_1 を設定しているので同心円状になり，パラメータを別に設定することで楕円の等高線を描くモデルも考えられるが，ここでは説明を省略する．

b_1 と理想点の座標 $(\tilde{x}_1, \tilde{x}_2)$ は最小 2 乗法で推定できる．推定する際には，式 (3.24) を展開し

$$y_j = b_0 + b_1(\tilde{x}_1 + \tilde{x}_2) - 2b_1\tilde{x}_1 x_{1j} - 2b_1\tilde{x}_2 x_{2j} + b_1\left(x_{1j}^2 + x_{2j}^2\right) + \epsilon_j \tag{3.25}$$

のようにまとめ，$c = b_0 + b_1\left(\tilde{x}_1^2 + \tilde{x}_2^2\right)$, $d = -2b_1\tilde{x}_1$, $e = -2b_1\tilde{x}_2$ と置き換えると，式 (3.24) は次のように表現できる．

$$y_j = c + d x_{1j} + e x_{1j} + b_1\left(x_{1j}^2 + x_{2j}^2\right) + \epsilon_j \tag{3.26}$$

最小2乗推定値 $\hat{b}_1, \hat{d}, \hat{e}$ を得たのち，$\tilde{x}_1 = -\frac{d}{2b_1}, \tilde{x}_2 = -\frac{e}{2b_1}$ の関係から，理想点の座標を推定する．

R による分析例：ジョイントスペースマップ

消費者ごとの選好状況を知るためには，消費者ごとの各ブランドに対する選好データが必要になる．ここでは表 3.3 のノートパソコンに関するデータの満足度などの項目を利用して，仮想の消費者別ブランド選好データを作り分析に用いる．データは 5 点尺度で点数が大きいほど選好度が高い．また，外部分析であらかじめ用意する必要がある知覚マップには，先に紹介した因子分析での結果を用いる．

図 3.16 は因子分析で描いた知覚マップ（図 3.10）に対して選好ベクトルを乗せたものである．ベクトルは矢印で表示するのではなく，長さを 3 で統一し「+」の記号でプロットした．これは原点からの選好ベクトルの向きを示しており，消費者の選好が集まっている方向がわかる．

また，消費者ごとに決定係数を計算し，$R^2 > 0.5$ の消費者に限り選好ベクトルを表示している．図 3.16 には 200 人のデータのうち 57.5% の 115 人のベクトルがプロットされている．以下に 3 枚のジョイントスペースマップから読み取れる情報を記す．

1) 第 1 因子「機能性」と第 2 因子「利便性」のマップ（左上）：消費者の理想ベクトルが集まっているのはブランド 3 の方向である．機能性とバッテリーを中心とする利便性の高い製品に消費者の選好が集まっている．

2) 第 1 因子「機能性」と第 3 因子「デザイン」のマップ（右上）：それぞれの軸の正の方向に消費者の選好ベクトルが集まっており，因子を組み合わせた方向には選好が向いていない．デザインと機能性を組み合わせるより，それぞれに特化させた方が選好度が高いようである．

3) 第 1 因子「利便性」と第 3 因子「デザイン」のマップ（下）：このマップでも各因子に特化させた製品の選好度が高いようである．

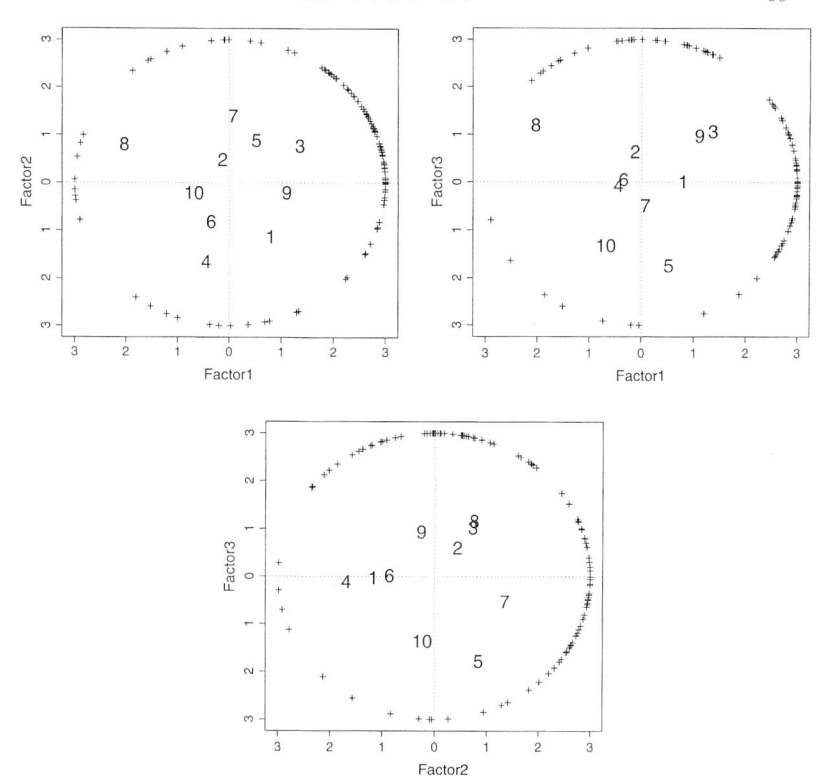

図 3.16　ジョイントスペースマップ：理想ベクトルモデル

　消費者の選好構造に理想点モデルを適用した結果が図 3.17 である．決定係数が 0.5 より大きいものと，上に凸の選好構造 ($b_1 < 0$) を持っている消費者だけをプロットしている．理想点が出力されたのは全体の 50%にあたる 100 人である．

　また，右側の 3 枚の図は理想点だけをプロットした選好マップであり，左側 3 枚の図はそこからブランドのポジションがわかる範囲を取り出して拡大表示したもの，つまりジョイントスペースマップである．

　この分析例において，理想ベクトルモデルと理想点モデルのどちらが適切かを考えてみよう．まず，第 1 因子の軸の意味は「機能性」であり，例えばノートパソコンの機能性が高すぎて困るという状況は考えにくい．第

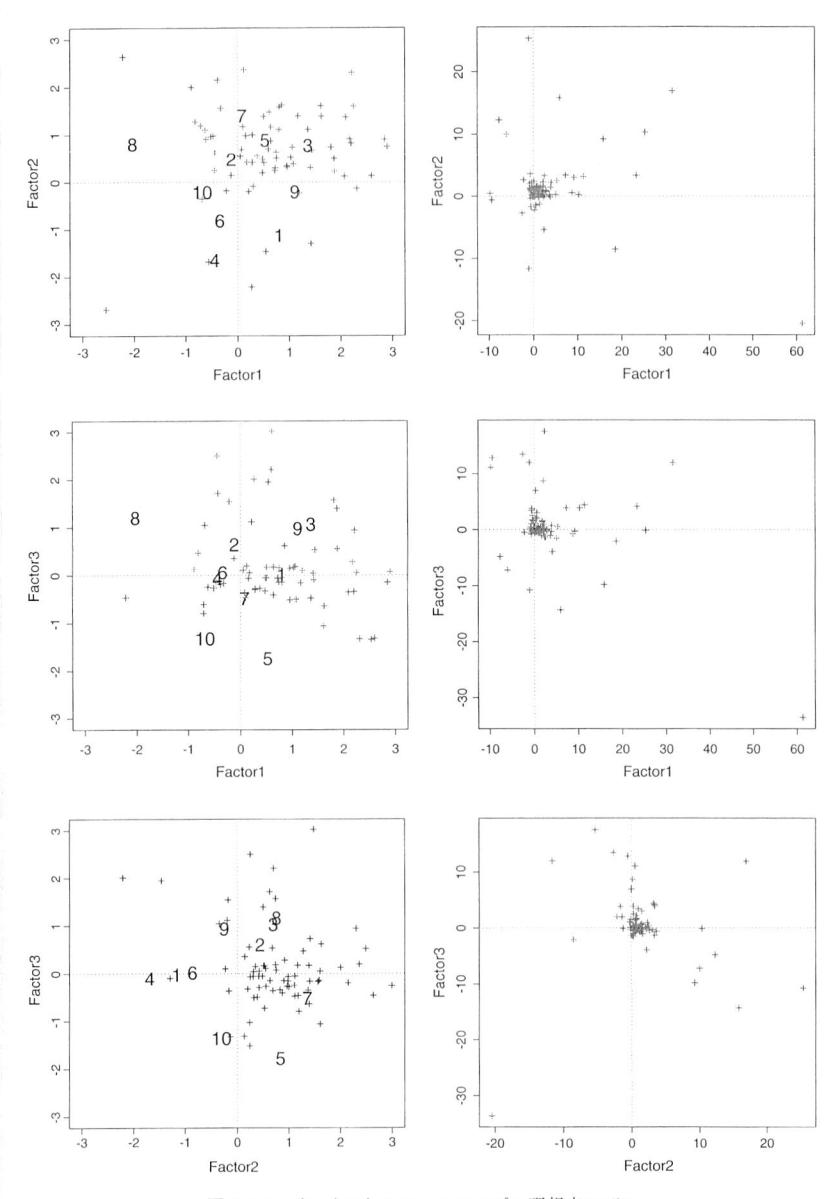

図 3.17 ジョイントスペースマップ：理想点モデル

2因子の「利便性」に関しても同様である．このことから，消費者の選好構造には理想ベクトルモデルを仮定するのが妥当と考えられる．理想点モデルの結果については，解釈は避け，結果だけを載せておく．また，知覚マップの軸の意味を解釈した結果から，一方の軸では理想ベクトルモデル，もう一方の軸では理想点モデルを適用したモデルを考えることも可能である．

参 考 文 献

1) 片平秀貴 (1987)，マーケティング・サイエンス，東京大学出版会．
2) 齋藤堯幸，宿久 洋 (2006)，関連性データの解析法——多次元尺度構成法とクラスター分析法，共立出版．
3) 永田 靖，棟近雅彦 (2001)，多変量解析法入門，サイエンス社．
4) Eckart, C. and G. Young (1936), "The approximation of one matrix by another of lower rank," *Psychometrika*, **1**, 211–218.
5) Horst, P. (1965), *Factor Analysis of Data Matrices*, Holt, Rinehart and Winston.
6) Kruskal, J. B. (1964a), "Multidimensional scaling by optimizing goodness of fit to a nonmetric hypothesis," *Psychometrika*, **29**, 1–27.
7) Kruskal, J. B. (1964b), "Nonmetric multidimensional scaling: A numerical method," *Psychometrika*, **29**, 115–129.
8) Porter, M. E. (1980), *Competitive Strategy*, Free Press.
9) Torgerson, W. S. (1952), "Multidimensional scaling: I. Theory and method," *Psychometrika*, **17**, 401–419.
10) Wind, Y. (1978), "Issues and advances in segmentation research," *Journal of Marketing Research*, **15**, 317–337.
11) Young, G. and A. S. Householder (1938), "Discussion of a set of points in terms of their mutual distances," *Psychometrika*, **3**, 19–22.

4 基本マーケティング戦略

4.1 価格決定

4.1.1 経済学アプローチ

2.2節では，市場競合状況を測定する尺度として，価格弾力性および交差価格弾力性を定義した．本節では最適価格決定問題を扱うが，ここでは価格弾力性が重要な概念として再登場する．

a. 価格の最適化

(i) 限界収入と価格弾力性

TR を売上げ，p を価格，q を数量としたとき，これらの量の関係は

$$TR = p \times q \tag{4.1}$$

と表せる．両辺を数量 q で微分して限界収入を定義して整理すると，限界収入 $\frac{\partial TR}{\partial q}$，価格 p，価格弾力性 $\eta(<0)$ について，以下のような関係が得られる．

$$限界収入 = \frac{\partial TR}{\partial q} = p + \frac{\partial p}{\partial q}q = p\left(1 + \frac{q}{p} \cdot \frac{\partial p}{\partial q}\right) = p\left(1 + \frac{1}{\eta}\right) \tag{4.2}$$

(ii) 最適価格決定

費用を c としたとき，利潤は $\pi = TR - c$ で定義され，利潤を最大化する最適価格 p^* を求めるには，次の最適化問題を解くことになる．

$$\begin{aligned} \max \pi &= p \times q - c(q) \\ \text{subject to } q &= x(p), \quad p > 0 \end{aligned} \tag{4.3}$$

このとき条件付き最適化の必要条件から，次式が得られる．

$$\frac{\partial \pi}{\partial p} = q + p\frac{\partial q}{\partial p} - MC\frac{\partial q}{\partial p} = 0 \tag{4.4}$$

ここで $MC = \frac{\partial c(q)}{\partial q}$ は限界費用である．さらに，これから

$$1 + \left(\frac{p}{q}\frac{\partial q}{\partial p}\right) = \frac{MC}{p}\left(\frac{p}{q}\frac{\partial q}{p\partial p}\right)$$

$$(1 + \eta) = \frac{MC}{p}\eta \tag{4.5}$$

となり，したがって，

$$p^* = \left(\frac{\eta}{1+\eta}\right) \times MC \tag{4.6}$$

が得られる．

これは，利潤を最大化する価格は限界費用に一定率 $\left(\frac{\eta}{1+\eta}\right)$ を掛けたものに等しいこと，つまり，実務で価格決定に使われるマークアップ原理の理論的正当化の条件を意味している．

式 (4.6) は，限界収入と限界費用が等しいとき，つまり $(\partial TR/\partial q) = MC$ のときに利潤最大となる性質を利用すると，式 (4.4) からも容易に導かれる．

(iii) 限界利潤率と製品差別化戦略

さらに式 (4.5) から

$$\frac{p - MC}{p} = \frac{1}{\eta} \tag{4.7}$$

が成り立つ．左辺は価格に占める利潤 $(p - MC)$ の割合，つまり限界利潤率を表しており，式 (4.7) は限界利潤率が価格弾力性の逆数に等しいことを意味している．

これは，「弾力性の高いものは利潤率が低いこと」を意味する．したがって，利潤率を高めるためには弾力性を小さくする必要がある．つまり，価格競争をできるだけ避ける製品差別化戦略に正当性が与えられる．

(iv) 製品差別化と広告

製品差別化のための広告を考える．広告費を a としたとき，式 (4.3) に対応する利潤方程式および最適化問題は下記となる．

$$\begin{aligned}\max \pi &= p \times q - c(q) - a \\ \text{subject to } q &= q(p), \quad p > 0, \quad a \geq 0\end{aligned} \tag{4.8}$$

p および a で微分してゼロとおくことにより最適解が求められ，追加条件

$$\frac{\partial \pi}{\partial a} = p\frac{\partial q}{\partial a} - \frac{\partial q}{\partial a}\frac{\partial c}{\partial q} - 1 = 0 \tag{4.9}$$

が得られる．両辺に a を掛けて整理すると

$$a = pq\left(\frac{a}{q}\cdot\frac{\partial q}{\partial a}\right) - q\left(\frac{a}{q}\cdot\frac{\partial q}{\partial a}\right)MC \tag{4.10}$$

となる．広告費を 1%変化させたときの売上げ変化率を意味する広告弾力性を $\phi = \left(\frac{a}{q}\cdot\frac{\partial q}{\partial a}\right)$ とし，$TR = pq$ および式 (4.5) の関係を利用すると

$$\frac{a}{TR} = -\frac{\phi}{\eta} \tag{4.11}$$

の関係が導かれる．これにより，利潤を最大化する広告費の売上げに占める割合 $\frac{a}{TR}$ は，価格弾力性と広告弾力性の比 $\frac{\phi}{-\eta}$ で決定されることがわかる．

以上のように，弾力性は最適価格や最適広告費の決定と密接に関係する量であり，実際のデータによってこれを推定することが求められる．

b. 弾力性測定モデル

ブランド i に対する K 種類のマーケティング変数 $(X_{ki}, k = 1, \cdots, K)$ を用いて弾力性を測定するモデルとしては，次の線形および乗数型モデルが代表的である．

$$q_{it} = \alpha_i + \sum_{k=1}^{K} \beta_k X_{kit} \tag{4.12}$$

$$q_{it} = \alpha_i \left(\prod_{k=1}^{K} X_{kit}^{\beta_k}\right) \tag{4.13}$$

乗数型は，経済学ではコブ–ダグラス型生産関数[*1)]に代表されるように収穫逓減の法則を表現している．容易にわかるように，このモデルの β_k はマーケティング変数 X_k に対する弾力性を表しており，乗数型モデルは，第2章の式 (2.3) で議論したように，期間を通じて弾力性が一定のモデルである．

これに対して線形モデルの弾力性は

[*1)] コブ–ダグラス型生産関数は，資本投入量 (K)，労働投入量 (L)，生産量 (Y) の間に $Y = K^\alpha L^\beta$ の関数型を仮定する経済モデルである．

$$\eta_k = \beta_k \times \frac{q_{it}}{X_{kit}} \tag{4.14}$$

であり，各時点で異なる値をとる．ある時点で q_{it}, X_{kit} を評価したものは点弾力性，期間平均値 $\bar{q}_i, \bar{X}_{ki}$ を代入したものは期間弾力性などと呼ばれる．

線形モデルは，マーケティング変数を大きくすればするほど販売数量が比例的に増えるという意味を持ち，実際には局所的な状態を近似するモデルとしてのみ有効である．

4.1.2 マーケットシェアの弾力性
a. マーケットシェアの定義

m ブランド市場におけるブランド i のマーケットシェア s_i は，全競合ブランドの販売量 Q_m に占めるブランド i の販売量 q_i の割合

$$s_i = \frac{q_i}{Q_m} \tag{4.15}$$

で定義され，これは次のように書かれる．

$$q_i = Q_m \times s_i \tag{4.16}$$

いま，これら3つの量はすべて価格 p の関数であることに注意すると，自ブランドの弾力性 η_{q_i}，市場全体の弾力性 η_{Q_m}，マーケットシェア弾力性 η_{s_i} の間には次の関係がある．

$$\eta_{q_i} = \eta_{Q_m} + \eta_{s_i} \tag{4.17}$$

つまり式 (4.16) の対数をとって両辺を価格で微分して両辺に p_i を掛けることにより

$$\frac{p_i}{q_i}\frac{dq_i}{dp_i} = \frac{p_i}{Q_m}\frac{dQ_m}{dp_i} + \frac{p_i}{s_i}\frac{ds_i}{dp_i} \tag{4.18}$$

となり，式 (4.17) が得られる．この左辺はブランド i の価格自己弾力性であり，右辺第1項の市場全体の η_{Q_m} は一般に小さいので，自ブランドの販売量を増やすためにはマーケットシェアを高める必要があることを式 (4.18) の関係は意味している．

b. マーケットシェアモデル

マーケットシェアがマーケティング変数との関係でどのように決まるかを規定するモデルは，マーケットシェアモデルと呼ばれる．m ブランド市場における t 期のブランド i のマーケットシェア s_{it} を次で定義するのが一般的である．

$$s_{it} = \frac{A_{it}}{\sum_{k=1}^{m} A_{kt}} \tag{4.19}$$

ここで A_{it} は t 期におけるブランド i の魅力度 (attraction) またはマーケティング努力 (effort) と呼ばれる非負の量であり，このマーケットシェアモデルは**魅力度モデル**といわれる．魅力度はマーケティング活動の関数として

$$A_{it} = f(品質, 価格, 販売促進活動, 流通, \text{etc.}) \tag{4.20}$$

で表される．K 種類のマーケティング変数がある場合に，

$$A_{it} = \alpha_i \left(X_{1it}^{\beta_1} X_{2it}^{\beta_2} \cdots X_{Kit}^{\beta_K} \right) = \alpha_i \prod_{k=1}^{K} X_{kit}^{\beta_k} \tag{4.21}$$

と規定するモデルは，**MCI**(multiplicative competitive interaction：乗数型) モデルと呼ばれる．ここで $X_{kit} > 0$ を仮定している．また β_k は，各マーケティング変数がシェアに貢献する度合いを表し，品質，広告などの場合はプラス，価格はマイナスと先験的には期待される．また α_i は，ブランド i の固有の魅力度を表している．また非負の魅力度を

$$A_{it} = \exp\left(\alpha_i + \sum_{k=1}^{m} \beta_k X_{kit} \right) \tag{4.22}$$

と規定するものは多項ロジット型シェアモデルと呼ばれる．

マーケットシェアモデルは従属変数がシェアであることから，予測されたシェアに対して次の制約

1) $0 \leq s_{it} \leq 1$
2) $s_{1t} + s_{2t} + \cdots + s_{mt} = 1$

を受ける制限従属変数モデルの1つであり，これらの制約は論理的整合性条件と呼ばれる（例えば，Naert and Bultez(1973) を参照）．

いま線形モデル

$$s_{it} = \alpha_i + \sum_{k=1}^{K} \beta_k X_{kit} \tag{4.23}$$

は，一般にこの論理的整合性条件を満たさない．他方，MCI および多項ロジット型モデルは，これらの条件を自動的に満たすことは容易にわかる．

またマーケティング変数 X_{kit} に対応するマーケットシェア弾力性

$$\eta_{kit} = \frac{X_{kit}}{s_{it}} \frac{ds_{it}}{dX_{kit}} \tag{4.24}$$

は，シェアの性質から満たすべき下記の条件が発生する．

1) シェアが 1 に近づくにつれて，シェア弾力性はゼロに近づく：
$$s_i \to 1 \;\Rightarrow\; \eta_{ki} \to 0$$

2) シェアがマーケティング変数 X_{ki} について増加関数であるならば，X_{ki} を限りなく大きくしたとき，シェア弾力性はゼロに近づく：
$$X_{ki} \to \infty \;\Rightarrow\; \eta_{ki} \to 0$$

上記の各モデルについてこれらの条件を見てみると，まず線形モデルについては，

$$\eta_{ki} = \frac{\beta_k X_{ki}}{s_i} \tag{4.25}$$

であり，

$$s_i \to 1 \;\Rightarrow\; \eta_{ki} \to \beta_k X_{ki} (\neq 0)$$

$$X_{ki} \to \infty \;\Rightarrow\; \eta_{ki} \to \infty (\neq 0)$$

となって条件を満たさない．一方，MCI モデルのシェア弾力性は

$$\eta_{kit} = \beta_k (1 - s_{it}) \tag{4.26}$$

となる．また多項ロジット型モデルのシェア弾力性は

$$\eta_{kit} = \beta_k (1 - s_i) X_{kit} \tag{4.27}$$

で定義され，いずれも条件を満たすことがわかる（練習問題：式 (4.25) および式 (4.26) を導出せよ）．

c. 効果差モデルと交差弾力性モデル

上記の拡張として，マーケティング変数の効果を表す弾力性パラメータがブランドごとに異なるとする「効果差」モデル

$$A_{it} = \alpha_i \prod_{k=1}^{K} X_{kit}^{\beta_{ki}} \tag{4.28}$$

が考えられ，さらにマーケットシェアが自ブランドのマーケティングのみならず競合ブランドのマーケティング変数にも影響を受けるとする「交差弾力性」モデル

$$A_{it} = \alpha_i \prod_{k=1}^{K} \prod_{j=1}^{m} X_{kijt}^{\beta_{kij}} \tag{4.29}$$

が定義できる．

d. マーケットシェアモデルの推定

魅力度型のシェアモデルは望ましい性質を持つが，モデルはパラメータに関して非線形であり，非線形最適化の手法を必要とする．しかし，対数中央化変換と呼ばれる変換を行うことにより，パラメータに関して線形なモデルが得られ，最小2乗推定が可能となる．

まず K 種類のマーケティング変数 $X_{1i},\cdots,X_{Ki}$ に対して定義される MCI モデル

$$s_{it} = \frac{\alpha_i \prod_{k=1}^{m} X_{kit}^{\beta_k}}{\sum_{j=1}^{K} \prod_{k=1}^{m} X_{kjt}^{\beta_k}} \tag{4.30}$$

の場合，この両辺の対数をとって

$$\log s_{it} = \log \alpha_i + \sum_{k=1}^{K} \beta_k \log X_{kit} - \log \left(\sum_{j=1}^{K} \prod_{k=1}^{m} X_{kjt}^{\beta_k} \right) \tag{4.31}$$

が得られる．これは最後の項にパラメータに関して非線形な部分を含んでいる．そこでまず両辺をすべてのブランド ($i=1,\cdots,m$) に関して合計し，さらに m で割ると

$$\begin{aligned}
&\frac{1}{m} \sum_{i=1}^{m} \log s_{it} \\
&= \frac{1}{m} \sum_{i=1}^{m} \log \alpha_i + \frac{1}{m} \sum_{i=1}^{m} \left(\sum_{k=1}^{K} \beta_k \log X_{kit} \right) - \log \left(\sum_{j=1}^{K} \prod_{k=1}^{m} X_{kjt}^{\beta_k} \right)
\end{aligned} \tag{4.32}$$

4.1 価格決定

したがって,

$$
\begin{aligned}
&\log \left(\prod_{i=1}^{m} s_{it}\right)^{\frac{1}{m}} \\
&= \log \left(\prod_{i=1}^{m} \alpha_i\right)^{\frac{1}{m}} + \sum_{k=1}^{K} \beta_k \log \left(\prod_{i=1}^{m} X_{kit}\right)^{\frac{1}{m}} - \log \left(\sum_{j=1}^{K} \prod_{k=1}^{m} X_{kjt}^{\beta_k}\right)
\end{aligned}
\tag{4.33}
$$

が得られる.左辺の対数内はブランド間シェアの幾何平均 $\tilde{s}_{it}$ であり,右辺第1項の対数内は固有魅力度の幾何平均 $\tilde{\alpha}_i$,右辺第2項はマーケティング変数 k の幾何平均 $\tilde{X}_{kit}$ を表している.さらに式 (4.31)〜(4.33) の両辺のそれぞれを引くことにより,非線形の項が消去され,

$$
\log (s_{it}/\tilde{s}_t) = \log (\alpha_i/\tilde{\alpha}_i) + \sum_{k=1}^{K} \beta_k \log \left(X_{kit}/\tilde{X}_{kit}\right)
\tag{4.34}
$$

となり,誤差項 e_{it} を加えることにより,β_k に関して線形な回帰モデル

$$
s_{it}^* = \alpha_i^* + \sum_{k=1}^{K} \beta_k X_{kit}^* + e_i
\tag{4.35}
$$

が得られる.固有魅力度の切片も α_i^* の推定値から逆算できる.これは対数中央化変換として知られている (Nakanishi and Cooper, 1974).

また,多項ロジット型シェアモデル

$$
s_{it} = \frac{\exp \left(\alpha_i + \sum_{k=1}^{m} X_{kit}^{\beta_k}\right)}{\sum_{j=1}^{K} \exp \left(\alpha_i + \sum_{k=1}^{m} \beta_k X_{kjt}\right)}
\tag{4.36}
$$

の場合は,両辺の対数をとり

$$
\log s_{it} = \log \alpha_i + \sum_{k=1}^{K} \beta_k X_{kit} - \log \left(\sum_{j=1}^{K} \exp \left(\alpha_i + \sum_{k=1}^{m} \beta_k X_{kjt}\right)\right)
\tag{4.37}
$$

とし,i に関して合計して m で割ると

$$
\begin{aligned}
\frac{1}{m} \sum_{i=1}^{m} \log s_{it} \equiv \tilde{s}_t &= \frac{1}{m} \sum_{i=1}^{m} \alpha_i + \sum_{i=1}^{m} \beta_k \left(\frac{1}{m} \sum_{k=1}^{K} X_{kit}\right) \\
&\quad - \log \left(\sum_{j=1}^{K} \exp \left(\alpha_i + \sum_{k=1}^{m} \beta_k X_{kjt}\right)\right)
\end{aligned}
\tag{4.38}
$$

が得られる．MCI モデルと同様に，式 (4.37) から (4.38) を引くことにより最後の非線形項が消えて

$$\log(s_{it}/\tilde{s}_t) = (\alpha_i - \bar{\alpha}_i) + \sum_{k=1}^{K} \beta_k \log\left(X_{kit} - \bar{X}_{kit}\right) + e_{it} \quad (4.39)$$

という線形回帰モデルが得られ，最小 2 乗推定によって有効な推定値が得られる．

さらに Terui(2004) はこれを拡張し，マーケットシェア間の同時決定および動的関係外生変数を含む多変量自己回帰 (VARX) によってダイナミックマーケットシェアモデルを提案している．

R による分析例：MCI モデル（対数中央化変換）

対数中央化変換を用いた MCI モデルの推定ための R のコード，および 3 ブランドからなる市場におけるマーケットシェアと価格データ (share2.dat) を用いて，首位ブランドのシェアを自己の価格で対数中央化変換により推定した結果が図 4.1 に示されている．決定係数は 0.364 と高くないものの，価格は有意に推定されている．

```
#MCI model
data<-read.table("D:/Program Files/R/Working/share2.dat", header=T)
  B1<-data$B1
  B2<-data$B2
  B3<-data$B3
  P1<-data$P1
  P2<-data$P2
  P3<-data$P3
B<-cbind(B1,B2,B3)
B<-B/100
P<-cbind(P1,P2,P3)
#対数中央化変換
BM<-(B1*B2*B3)^(1/3)
PM<-(P1*P2*P3)^(1/3)
YM<-log(B/BM)
XM<-log(P/PM)
#最小 2 乗推定
sh.lm<-lm(YM[,1]~XM[,1])
summary(sh.lm)
```

```
Call:
lm(formula = YM[, 1] ~ XM[, 1])
Residuals:
     Min       1Q   Median       3Q      Max
-0.349067 -0.116635 -0.007613  0.108759  0.358094
Coefficients:
            Estimate Std. Error t value Pr(>|t|)
(Intercept) -3.42984    0.09585 -35.784  < 2e-16 ***
XM[, 1]     -2.18624    0.46886  -4.663 3.78e-05 ***
---
Signif. codes:  0 '***' 0.001 '**' 0.01 '*' 0.05 '.' 0.1 ' ' 1
Residual standard error: 0.1677 on 38 degrees of freedom
Multiple R-Squared: 0.3639,     Adjusted R-squared: 0.3472
F-statistic: 21.74 on 1 and 38 DF,  p-value: 3.783e-05
```

図 4.1　R による分析例：MCI モデル

4.1.3 戦略論的アプローチ

価格決定に関する戦略的アプローチは，企業の目的と消費者の特性という2つの軸によって切り分けられる．前者の企業目的は，

1) 消費者セグメントに応じて異なる価格を設定する差別価格：同じブランドを異なる消費者に対し異なる価格で提供するもの
2) 競争的地位獲得のための競争的価格：他ブランドとの競争的地位の確保のために設定される価格
3) 製品ライン間のバランスを考える製品ライン価格：プリンターとインクなど，同じ製品ラインで製品間の相互関係を考慮して製品ラインの価格を決定するもの

の3つに分類され，さらに後者の消費者特性として，次の3つの分類がなされる．

1) 探索コストの違いによる価格決定：価格の安い店舗を探したり，他メーカーの類似製品の情報を集めることに関わるコストを考慮するもの
2) 留保価格の違いによる価格決定：値ごろ感の上限を留保価格といい，これを超えないようなギリギリの価格
3) 取引きコストの違いによる価格決定：他ブランドへの切り替えに掛かる心理的抵抗や費用負担などのコストを考慮するもの

次の表では，企業目的と消費者特性の組合せから生まれる9つの局面において適切であると思われる価格戦略が整理されている．

価格戦略 (Tellis, 1986)

消費者特性/企業目的	差別価格	競争的地位の獲得	製品ライン
探索コスト	ランダムディスカウント	価格シグナリング	イメージ価格
留保価格	経時的ディスカウント	浸透価格	価格バンドリング/プレミアム価格
取引コスト	第2市場ディスカウント	地理的価格	補完的価格

これらの各価格戦略の具体的な内容は次のとおりである．

1) ランダムディスカウント：買い回りに熱心で価格に敏感な消費者と，価格に鈍感な消費者がいることを想定し，高価格を基本とし，ときどきディスカウントする．

2) 価格シグナリング：製品に詳しくない消費者は，価格が品質のシグナルであると理解する傾向があることを背景に価格を決める．
3) イメージ価格：同様の製品に異なる名前をつけてイメージの差別化を図り，高価格で販売する．
4) 経時的ディスカウント：価格に敏感な消費者と鈍感な消費者の存在を前提とし，最初は鈍感な消費者をターゲットとし，経時的にディスカウントして敏感な消費者層にも訴求していく．
5) 浸透価格：競争企業の参入が見込まれる場合など，競争を意識して市場シェア獲得を優先させる．
6) 価格バンドリング/プレミアム価格：前者はセット販売で単品の合計金額よりも低い価格とするもの．後者はベーシックとプレミアムの2種類の製品を用意し，高価格商品（プレミアム）を価格に鈍感な消費者をターゲットに設定する．
7) 第2市場ディスカウント：学生や子供など消費者を特定化して第2市場とし，第1市場よりもディスカウントする．
8) 地理的価格：競争の地域間の差に基づいて，地域ごとに異なる価格を設定する（ゾーンプライシング）．
9) 補完的価格：本体と消耗品など相互に補完的役割のある製品に関し（例えば本体価格を低く設定し，それに掛かる消耗品を高価格として），全体として利益を追求する．

4.1.4 心理学的アプローチ

消費者行動論では，認知心理学のアプローチを通して様々な実験を繰り返し，理論の構築が試みられている

a. 参照価格と消費者の損失回避行動

参照価格 (RP：reference price) は，消費者が購買に先立って商品に対して持っている「値ごろ感」のことであり，消費者行動の分析において，この概念を取り入れた分析が数多く行われてきた．

図 4.2 は，横軸が価格で縦軸が効用を表し，消費者がある商品をある価格で買うときに生じる効用の変化を表している．原点は参照価格を意味し，原点よ

4.1 価格決定

消費者の利得・損失と効用

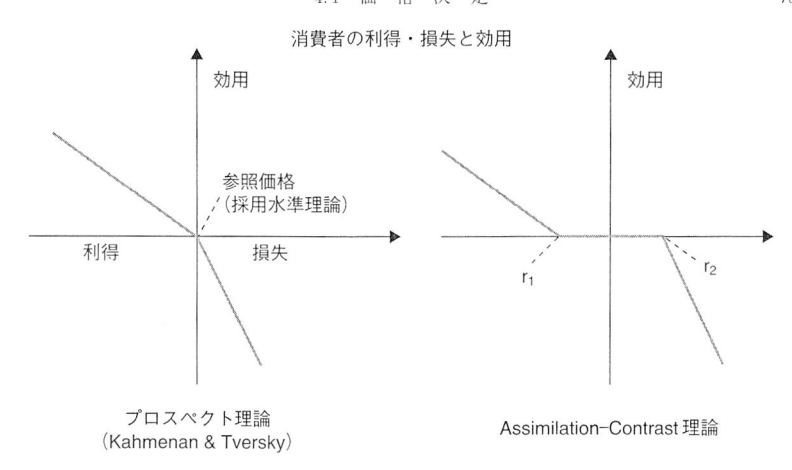

図 4.2 参照価格とプロスペクト理論

り右側は店頭価格が参照価格より高い領域であり，消費者は割高感を感じることから「損失」領域を表す．逆に原点の左側は割安感を生み出す「利得」領域を表している．ここで原点は，利得に関して損とも得とも思わない中立な参照点である．これは認知心理学の枠組みにおいて，人がある判断をする場合にとるとされる採用水準理論 (adaptation level theory) に基づいており，この判断の根拠となる位置である参照点は，価格反応の場合は参照価格がこれに対応する．

図中の 2 つの直線は，損と感じるか得と感じるかによって効用がどのように変化するかを表している．これらの直線の傾きが同じでないことは，損と感じたときの効用の変化分と得と感じたときの効用の変化分が同じではない非対称市場反応を表す．さらには損失領域での直線の傾きがより急で大きいことは，消費者の損失回避行動を示している．これは提唱者の Kahmenan and Tversky(1979) によるプロスペクト (prospect) 理論を背景にしている．彼らは，消費者の利得・損失と効用の関係を提示する際に，経済学の基本的仮定である合理的消費者像とは異なり，消費者は必ずしも合理的に行動するとは限らないことを実験によって示し，実験経済学という分野を切り開いたことでノーベル経済学賞を受賞している．

この参照価格を消費者がどのように形成するかに関して，2 つの類型がある．1 つは内的参照価格 (IRP：internal RP) と呼ばれ，自分の購買経験から現在

の参照価格を決めているとする考え方である．もう1つのタイプは外的参照価格 (ERP：external RP) であり，購買時の店舗での他ブランド比較において参照価格を決めているという考え方である．これらの2種類の考え方に関して，様々な参照価格が提案されている．以下にその典型例を示す．

1) 内的参照価格：過去の価格による参照価格
   - 過去の平均価格：$RP_{jt} = (1/n) \sum_{s=1}^{n} P_{jt-s}$
   - 一期前の価格：$RP_{jt} = P_{jt-1}$
   - 過去の最小・最大価格：
     $RP_{jt} = \min(P_{j1}, \cdots, P_{jt-1}),\ RP_{jt} = \max(P_{j1}, \cdots, P_{jt-1})$
   - 適応的期待モデル：$RP_{jt} = \lambda RP_{jt-1} + (1-\lambda) P_{jt-1}$

2) 外的参照価格：現在の価格による参照価格
   - 全ブランドでの現在の最小価格：$RP_{jt} = \min(P_{1t}, \cdots, P_{mt})$
   - 一期前に買ったブランドkの現在の価格：$RP_{jt} = P_{kt-1}$

b．価格閾値と価格受容域

参照価格モデルに加えて同化対比理論 (assimilation contrast theory) による裏付けにより，中立な参照点は必ずしも一定ではなく，ある幅を持っていることが示される．これを消費者の価格反応に適用すると，価格変化に反応しない領域が存在することを意味する．この領域の境界値は**価格閾値**と呼ばれ，領域自体は**価格受容域**(LPA：latitude of price acceptance) と呼ばれる．

図4.2に示した消費者の市場反応関数の中央の領域が価格受容域であり，この領域内に価格の変化が限定される限り，消費者は価格変化がないものとして受け止める．

価格閾値は，店頭価格P_tと参照価格RP_tの差で定義される認知価格$P_t - RP_t$を基準として，価格変化に反応しない領域を決定する限界値のことである．そしてその下限 (r_1) および上限 (r_2) の2つの閾値が定義される．下限の価格閾値r_1は，店頭価格をディスカウントする場合にr_1を超えてディスカウントを行わないと消費者は反応せず，単純なロスとなることを意味する．そして上限の価格閾値は，店頭価格が消費者の参照価格より高くても，それが許容範囲内，すなわち下限の価格閾値を超えていない限り，購買に対して必ずしもネガティブな反応を示さないことを意味している．

照井 (2008) および Terui and Dahana(2006a, b) では，理論に裏付けられた非対称市場反応，参照価格，価格閾値の諸概念を消費者行動のブランド選択モデルに取り入れた分析モデルを用いて，消費者1人1人に異なる価格を提示する価格カスタマイゼーションの可能性を検討した．そこでは，消費者ごとに異なる価格閾値の情報によって「下限の価格閾値を超えないディスカウントによる損失が最小化され，上限の価格閾値を超えない値上げによる利得が最大化される」ことから，価格カスタマイゼーション戦略は消費者に一様に同じ価格を提供する価格戦略よりも多くの利益が期待され，有効な価格戦略であることを示している．

c. 極端の回避 (extreme aversion)

同じ製品に対しても価格提示の仕方によって，消費者の評価が異なることが知られている．例えば，松，竹，梅の3つのグレードのサービスや製品が提供される場合，極端な松，梅を避けて竹が選ばれるなど，3つ以上の製品ラインは文脈を構成し，消費者の選択に影響を与えることが知られており，これらの消費者心理を反映させた製品ラインナップと価格付けが有効な局面がある．

4.2　プロモーション

4.2.1　プロモーションの定義と分類

プロモーションとは，買い手である消費者や流通業者に自社の製品やサービスを認知・購買してもらうために，製品やサービスに関する情報の提供や説得を行う情報活動である．

企業が行うプロモーションの種類は多く，テレビ CM や新聞広告などのマス広告から，小売店舗内に置かれた様々なディスプレイ，割引きクーポンの発行やセールスマンによる営業活動など様々である．例を挙げればキリがないものの，一般的にこれらは広告，パブリシティ，人的販売活動，セールスプロモーション (SP) の4種類に分類される．また機能面で分類すると，広告，パブリシティ，人的販売活動に関しては潜在的な買い手の需要を刺激するというより，買い手とのコミュニケーション機能としての側面が強いのに対し，セールスプロモーションについては需要を刺激する機能に特化しているため，狭義のプロ

モーションとして位置付けられる．以下で4種類について簡単に紹介する．

1) 広告：

自社の製品やサービスに関する情報をテレビ，ラジオ，新聞，雑誌，または屋外看板，インターネットといった様々な広告媒体を通じてターゲットとする買い手に伝達する，企業のコミュニケーション活動である．

広告を行う目的は多種多様で，製品やサービスの認知を高めることから，使用頻度や購入量の増大，他社製品との差別化により他社製品からのスイッチを促す，反対に自社製品へのロイヤルティを高めるなどがある．

他のプロモーションと比較すると，広告はターゲットに対して広く浅く情報を伝達する手段であり，情報伝達の方向性は一方的である．

2) パブリシティ：

自社の製品やサービスに関する情報を，ニュースなどの公共的な媒体を通じて報じてもらう活動である．ここで重要なのは，コストがかからないことと，その情報を取り上げるか否かは媒体側が決めることである．

広告と同様に広く情報を伝達する手段であり，伝達の方向性も一方的であるが，第三者が報じるため信頼性が高い．

3) 人的販売活動：

ターゲットとする買い手と対面した状態で，口頭により情報を伝える活動である．セールスマンによる営業活動と表現するのが最もわかりやすいだろうか．広告に比べて，ターゲット層の中でもより購入してくれそうな狭い範囲に働きかけるため，説得的であり，情報の双方向性は高い．しかし一方でコストは高い．

また人的販売活動では，その情報の受け手との双方向性の高さを活かし，顧客とのコミュニケーションの中で得た顧客のニーズや自社製品の問題点を収集する機能も有している．

4) セールスプロモーション：

狭義のプロモーションといわれるように，買い手とのコミュニケーション機能は低く，買い手の購買時点に近いところで購買意欲を強く刺激するもので，上に挙げた販売促進以外の活動である．例を挙げると，一般消費者に対しては，クーポンによる割引，試供品の提供による新規顧客

の獲得，ノベルティグッズの提供，または店内での山積み陳列など，流通業者に対しては，自社製品を扱う販売店を対象とした売上げ高コンテストやメーカーの販売店強化のための経営指導など，様々な手段がある．

以上，各プロモーションをその手段や情報を提供する対象の広さ，対象とのコミュニケーションの深さ，コストなどの側面から紹介したが，プロモーションを行う目的や，製品ライフサイクルのどの段階にあるかなどを考慮して，それぞれの特徴を活かすように適切に組み合わせて活動する必要がある．

4.2.2 広告の概念

ここではプロモーションの1つである広告について紹介する．まず広告の定義について考えてみる．アメリカマーケティング協会による定義は，「特定の広告主による，アイディア，商品，サービスに関する，有料形態の非人的なプレゼンテーションやプロモーション活動」である．有料形態であり非人的なプロモーション活動である点で，媒体費用のかからないパブリシティや，消費者との対面方式で口頭によるコミュニケーション活動である人的販売活動とは識別される．さらに，コミュニケーション機能を有する点や，消費者の販売時点から遠い時点でも効果が及ぶ点で，セールスプロモーションとも区別されるものである．

また，広告は目的によって次のような分類が可能である．
1) 情報提供型広告：製品の認知を目的として，製品特徴や使い方などの情報を提供する．
2) 説得型広告：認知や製品の理解だけでなく需要喚起を目的に行われる．
3) リマインダー型広告：ブランドロイヤルティの維持を目的に，製品情報よりもイメージの醸成を行う．

以下では広告計画の策定プロセスに沿って説明を進める．

4.2.3 広告計画策定プロセス

図4.3は広告に関する諸々の意思決定がなされていく過程である．広告の基本計画として，広告目的の明確化，広告目標の設定，ターゲットの設定，広告予算を決定するプロセスを経た後，使用する広告媒体と広告内容を決定する．最

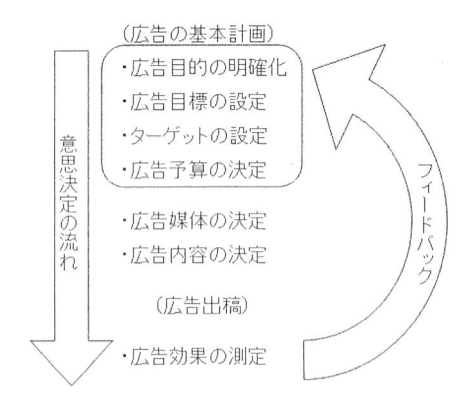

```
        ┌─────────────────┐
        │ (広告の基本計画) │
        │ ・広告目的の明確化│
   意    │ ・広告目標の設定 │    フ
   思    │ ・ターゲットの設定│    ィ
   決    │ ・広告予算の決定 │    ー
   定        ・広告媒体の決定       ド
   の        ・広告内容の決定       バ
   流         (広告出稿)           ッ
   れ                              ク
              ・広告効果の測定
        ↓
```

図 4.3 広告計画策定プロセス

終的に，出来上がった（出稿された）広告が目標に対してどの程度の効果を与えたかを測定し，次の広告計画に役立てる（フィードバック）．

以下では広告計画の各ステップを紹介する．

a. 広告目的の明確化

広告計画のはじめに，STP によって決まった「誰に対してどのような製品・サービスを提供するか」をもとに，何を目的に広告を出すかを決める．つまり，マーケティング戦略全体の中で広告戦略が果たすべき役割が何か，広告目的を明確化する必要がある．例えば，製品ライフサイクルの導入期にあたる製品であれば認知率を上げることを目的とする，認知率は高いがブランドのイメージが悪い場合にはブランドイメージの向上を目的とするなど，マーケティングの戦略目標に関連して決定される．

b. 広告目標の設定

広告目標の設定にあたっては，広告によって何をどこまで達成するのか，具体的な数字を設定する．具体的に目標を立てることで，目標から逆算してどの程度の広告を作り上げればよいか判断がつくのに加え，広告出稿後に広告効果を測定する際に何を目的変数とすればよいかがわかりやすくなる．

もちろん，最終的な目標は消費者に製品・サービスを購入してもらうことであるが，売上げ高やマーケットシェアの増大を目標にしたのでは広告活動の目標としては不明確である．それは，広告が消費者に届いてから購買に至るまでにいくつかの心理的な段階を踏むと考えられているからである．AIDMA や

DAGMARといった消費者の意思決定プロセスを紹介する．

[**AIDMA**]

　AIDMAとは，消費者が広告を受けてから製品を購買するまでの過程を以下の5段階で示した概念モデルである．

$$\text{attention（注意）} \rightarrow \text{interest（関心）} \rightarrow \text{desire（欲求）}$$
$$\rightarrow \text{memory（記憶）} \rightarrow \text{action（行動）}$$

消費者が製品について認知(注意)し，興味関心を持ち，欲しいという欲求を抱くようになり，記憶として長期間その気持ちを持続させ，購買行動に至る．ターゲットがどの段階にあるか，各段階にどのようにアプローチするかを考えることは，広告目標を設定するのに役立つ．

　また，近年インターネットが生活に浸透する中で，AISASという消費行動プロセスも提唱されている．

$$\text{attention（注意）} \rightarrow \text{interest（関心）} \rightarrow \text{search（検索）}$$
$$\rightarrow \text{action（行動）} \rightarrow \text{share（情報の共有）}$$

AIDMAとの比較では，製品について記憶し吟味する過程(memory)がインターネットを利用して検索する過程(search)へと変わり，購買(action)した後に，ブログやSNSなどで情報を共有(share)する過程が加えられている．

[**DAGMAR**]

　DAGMARモデルとは，R.H. Colleyの著書"*Defining Advertising Goals for Measured Advertising Results*"で議論された広告効果測定モデルのことで，DAGMARとは本のタイトルの略である．

　名前からもわかるように，DAGMARモデルは広告効果測定を目的とした広告目標の設定を提唱しており，広告に対する消費者の反応を次の4段階で定義している．

$$\text{awareness（認知）} \rightarrow \text{comprehension（理解）}$$
$$\rightarrow \text{conviction（確信）} \rightarrow \text{action（行動）}$$

認知，理解，確信，行動の各段階で広告目標を設定し，各段階でどの程度目標

が達成されたかによって，最終的な購買時点だけでなく，理解や確信といった中間レベルでの広告効果を測定し，広告を管理するモデルである．

c. ターゲットの設定

誰に向けて広告を打つかを決めることである．多くの場合，ここでの「誰」はマーケティング戦略のターゲットと同じである．広告する製品へのロイヤルティを高める目的で現在の使用者をターゲットとする場合もあれば，未使用者に興味を持ってもらう目的で潜在的な顧客をターゲットとすることもある．しかしそれとは異なるケースとして，マーケティング戦略でターゲットとする直接的な顧客に対して影響力を持つ相手（例えば保護者と子供の関係など）を広告のターゲットとすることもある．子供向け商品の場合，マーケティング戦略でのターゲットはもちろん子供だが，実際の購入者はその両親であり，広告では例えば母親に対してメッセージを送ることもある．また，企業イメージの向上を目的として特定のターゲットを設定しないこともある．

d. 広告予算の決定

ここでは，使用されることの多い広告予算の決定方法をいくつか紹介する．

1）タスク法：

広告の目標を達成するのに必要なタスクを挙げ，タスクごとに予算を明らかにし，予算を積み上げて算出する方法．この方法では，例えば「ターゲットに対する広告認知度60％」などの広告目標を掲げたら，その目標値を達成するために必要な予算額を算出する基準が確立されている必要がある．

2）売上げ高比率法：

過去の売上げ高や今年度に予想される売上げ高の一定率を広告費に充当する方法．広告費から売上げを推測して決めるのではなく，売上げから広告費を推測する関係になっている．売上げは広告費以外にも様々な影響を受けて変動するので，この方法で広告予算を決定することは論理的ではない．また，市場環境が安定的で，広告を行う製品が既存製品の場合にはよいが，新製品の場合には適応できない．

3）支出可能法：

広告費以外のすべての支出の予算を算出し，予想される売上げ高から差

し引くことで，広告に支出できる金額を割り出す方法．広告に対して消極的な意思決定であるが，企業規模に相応しい広告額を算出したい場合に用いられることがある．

4) 競合他社対抗法：

過去の競合他社の広告出稿量などから競合他社の出稿量を予想し，それを基準に広告費を決定する方法．現実にはそれぞれの企業や製品の状況は異なり，それらを無視した方法である．また広告効果が，広告を出稿した絶対量ではなく，競合他社との相対量によって発揮されると考える方法である．

e．広告媒体の決定

広告を消費者に伝える際に用いる伝達手段を広告媒体という．広告目標とターゲット，予算が決まったならば，それぞれに特性を持つテレビや新聞などの広告媒体をどのように組み合わせるか，さらにどのようなスケジュールで広告キャンペーンを行うかを決めなければならない．

(i) 広告媒体の種類と特徴

広告媒体はまず，テレビ，ラジオ，新聞，雑誌のマスコミ4媒体（マス4媒体）と，それ以外の媒体とに分けられる．それ以外の媒体には屋外広告や交通広告，ダイレクトメール，近年増加の一途を辿っているインターネット広告などがある．広告目標を達成するためには，各媒体の特性を活かした組合せを考える必要がある．以下に代表的な媒体の特徴や有効性を挙げる．

[マスコミ4媒体]

①テレビ

1) 映像と音声による広告が可能でインパクトが強い．
2) 社会への影響力が強く，話題性の高い広告キャンペーンができる．
3) 番組内広告，スポット広告（番組間広告）の区別があり，使い分けることで出稿の方法に柔軟性がある．

[番組内広告]

4) 広告のターゲットが視聴する番組であれば，ターゲットに効率よく広告を届けることができる．
5) 番組のイメージを自社の製品や企業のイメージに利用できる．

[スポット広告]
6) 必要なときに必要な量を，エリアを選択して出稿できる柔軟性を持つ．
7) 複数のテレビ局を使うことで短期間に多くの人に広告接触させることも可能である．

②ラジオ
1) 映像はなく音声のみの媒体であり，テレビに比べてインパクトは弱い．
2) ラジオ番組とリスナーとの信頼関係は強く，親近性が高い媒体である．
3) インターネットやイベントとのタイアップなど，多面的な展開が可能．
4) 音のみの広告から，テレビなど他媒体での同広告を想起させる効果もある．

③新聞
1) 性別や世代に関わらず読者層が広く，社会的影響力が強い．
2) 全国紙，ブロック紙，地域紙と種類があり，様々な展開が可能．
3) 信頼性が高い．
4) ほぼ毎日配達されるため，新製品の発表などタイムリーな広告の展開が可能．
5) テレビのようなインパクトはないが，活字により多くの情報を載せることができる．

④雑誌
1) 読者の興味により能動的に選択されているメディアであり，雑誌ごとに読者層が特定しやすい．
2) 上記の特性から，ターゲットと近い読者層を持つ雑誌を選んで広告出稿することができる．
3) 紙媒体なので，新聞と同様に情報量を多く載せることができる．

[それ以外の媒体]
⑤屋外広告
1) ビルの屋上や壁面，垂れ幕，路上の置き看板，ネオンサイン，⑥の交通広告も含む．
2) 特定の場所から空間的にも時間的にも動かないので，広告接触に反復性がある．
3) マスメディアに比べてコストがかからない．

4) 交通量の多い場所，人の大勢集まる場所での大型広告ではかなりの接触量を得ることができる．

⑥交通広告

1) 電車の中吊りや，バスの吊り革，タクシーの座席など，交通機関に配置された広告である．
2) 通勤者など，日常的に決まった路線を利用する乗客に繰り返し接触される．
3) 飛行機や新幹線など，長時間利用される交通機関では，1人の消費者が長時間にわたり接触することもある．

⑦インターネット広告

1) マスメディアと異なり，消費者が能動的に情報を得るので，ターゲットに広告を届けやすい．
2) 興味を持ち広告をクリックした消費者について，どのページから来たか，購入に至ったかなど詳細な情報を得ることができる．

(ii) リーチとフリークエンシー

広告媒体を選び組み合わせる際には，リーチとフリークエンシーのどちらを重視するかを考えることが重要である．リーチとは，ある広告を1回でも見た人の割合であり，到達率ともいう．テレビであれば視聴率と同じである．フリークエンシーは，広告を見たことのある人が平均何回見たか，つまり平均接触回数である．多くの人に広告を見てもらうのであればリーチ優先，特定の消費者に何回も見てもらうのであればフリークエンシーを優先することになる．図4.4はリーチ優先を横長の棒グラフ，フリークエンシー優先を縦長の棒グラフで表現したものである．また，例えば広告主がテレビスポットなどの広告枠を購入する場合には，以下で定義するGRP(gross rating point)という広告量を用いる．

$$\text{GRP}(\%) = \text{リーチ}(\%) \times \text{フリークエンシー}(\text{回数}) \tag{4.40}$$

この図ではリーチ優先の場合もフリークエンシー優先の場合も同じ広告量(GRP = 60%)になっている．

(iii) 広告効率

広告の効率を測る指標にはCPM(cost per mille)がある．広告料金を広告到達1000人あたりの数字にしたもの，つまり

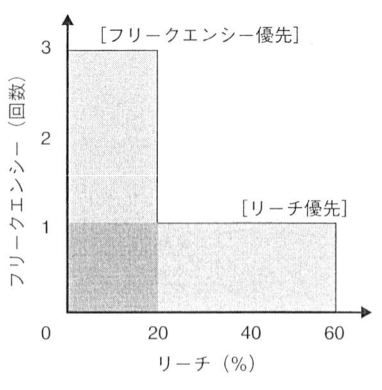

図 4.4 リーチとフリークエンシー

$$\mathrm{CPM} = \frac{媒体料金}{ターゲットオーディエンス} \times 1000 \qquad (4.41)$$

である．ここでターゲットオーディエンスとは，広告がターゲットとしている視聴者のことであるが，実際には雑誌や新聞の発行部数，特定地域のテレビ視聴世帯数など，ターゲットとしない消費者も含まれる値を用いて計算される点に注意が必要である．この指標は媒体ごとに効率がわかるので，媒体間での効率性の比較が可能になる．

(iv) 実施スケジュールの決定

実施スケジュールを考える際には，広告キャンペーンの期間の長さだけでなく，広告の出稿パターンも決めなければならない．

出稿パターンは多くの種類が考えられるが，出稿のピークと休止期間の有無を考慮する必要がある．具体的には，広告出稿のピークを期間中に何回作るか，ピークをどこに配置するか，前半だけに集中するか，期間の真ん中で休止するか，もしくはピークを作らず期間中コンスタントに出稿し続けるかなど様々である．これには広告に繰り返し露出すると飽きられてしまう効果（ウェアアウト効果）や，4.2.4 項で説明する広告の残存効果を考慮する必要がある．

また，広告のターゲットに応じて，テレビやラジオ CM であれば何曜日のどの時間帯に出稿するかなど，タイミングも問題になる．

f. 広告内容の決定

広告内容を決める際には,「何を訴求するか」,「どのように訴求するか」について考える必要がある．前者については,特に広告を実施する製品の特性に合わせて決められる．前面に押し出して訴えるべき製品特性がない場合や,それが明白でない場合には製品の使用感やイメージなどを訴求ポイントとし,広告ターゲットの属性を考慮して,効果的に広告目標を達成するにはどのように表現すべきかを決める．

広告表現の種類としては次のようなものが挙げられる．
1) 日常生活での製品利用シーンを取り上げ,製品の特徴を訴える．
2) タレントや一般の利用者が製品を推奨する．
3) 製品の特別な機能を実演,実証する．
4) 競合製品もしくは自社の従来製品との比較を行い,優位性を訴える．

4.2.4 広告効果測定モデル

ここまで広告計画の策定について説明をしてきた．計画を立てることと同じくらい重要なのが,図 4.3 の一番下にも記してあるように,出稿された広告の効果測定である．今回の広告計画が成功だったのか失敗だったのか,より詳細に何が良くて何が悪かったのかを知ることで,次期の広告計画では何をどのように改善すべきかがわかる．

DAGMAR モデルでは,認知,理解,確信,行動の各段階で広告効果を測るべきであることを先に記したが,一般的に広告効果は,媒体到達,広告到達,心理レベル,行動レベルの 4 段階に分類される．各段階での広告効果の指標を表 4.1 に示す．

まず「媒体到達」は,広告が消費者に届いたかどうかを意味している．テレビでは到達した率（リーチ）と回数（フリークエンシー），さらに到達した累積

表 4.1 広告効果指標

媒体到達	リーチ,フリークエンシー,GRP,新聞・雑誌発行部数
認知レベル (広告到達レベル)	広告認知率,コピー認知率,商品理解率
態度変容レベル	広告イメージ,広告好感度,商品イメージ,購入意向
行動変数	資料請求,ブランド選択,購入量,購入頻度,売上げ高

量を意味する GRP が基準となる．新聞・雑誌では発行部数，インターネットではページビューが当てはまる．つまりこれらは出稿量に等しい．

「認知レベル」は，例えば広告認知率では，当該ブランドの広告について見たことがあるか否かを，ターゲットとする消費者に尋ねる．「媒体到達」が出稿側から見た広告の到達度であったのに対し，こちらは消費者側から測定する到達度の指標である．

「態度変容レベル」は，広告実施の前と後で，商品に対する理解度や好感度がどのように変化したかを比較する指標である．

最後の「行動変数」は，文字どおり購入に至ったかどうか，さらにはどれだけの量を購入したかなど最終結果の指標である．これらの指標を用いて広告計画の各段階での効果が測定される．

a. 広告反応関数

広告反応関数には様々なものが考えられる．代表的な 4 種類の関数を図 4.5 を用いて説明する．ここで t 期の広告量を a_t，t 期の売上げを Y_t とする．

a [線形型]
$$Y_t = \alpha + \beta a_t \tag{4.42}$$

最も単純で基本的な関数．α を切片とし，例えば GRP が 10% 増加すると，その β 倍だけ売上げが増加する関係である．

b [逓減型]
$$Y_t = \alpha + \beta \ln a_t \tag{4.43}$$

収穫逓減型の関数．広告量の増加とともに売上げの増加が逓減する状況を表現している．

c [S 字型（ロジスティック曲線）]
$$Y_t = \frac{\gamma}{1 + \exp(-\beta a_t)} + \alpha \tag{4.44}$$

広告量の少ないところでは売上げに対して収穫逓増，$\alpha + \gamma/2$ を変曲点として収穫逓減型の関数になる．また $\alpha + \gamma$ が飽和点であり，広告量をそれ以上投入しても売上げは伸びない．

図 4.5 広告反応関数

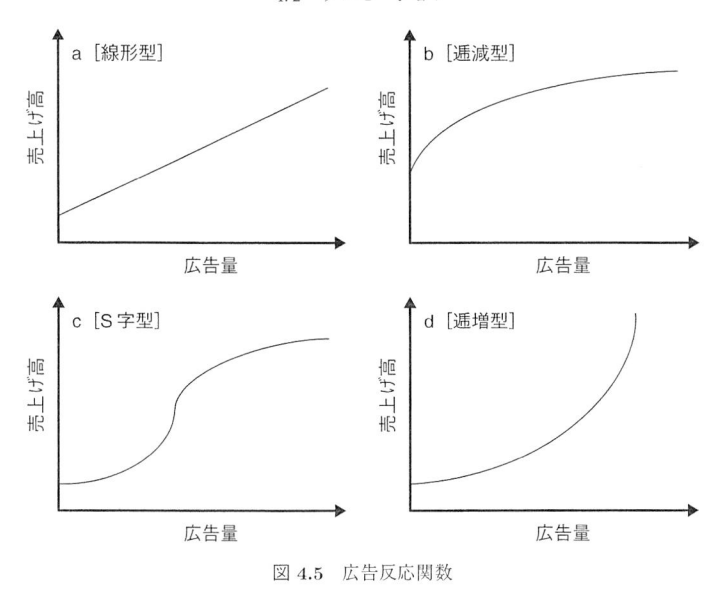

d [逓増型]

$$Y_t = \alpha e^{(\beta a_t)} \tag{4.45}$$

逓増型の広告反応関数はあまり用いられないが，他の関数との対比の意味もあり掲載しておく．この関数を用いた場合，広告量を増やせば増やすほど幾何級数的に売上げが増加する．

b. 広告短期効果

当期の広告量の，当期の広告効果指標に対する影響を，広告の短期効果と呼ぶ．いま仮想の広告量データを用い，先に挙げた4つの関数形のうち，収穫逓減を表現した対数関数を用いて，広告量 (GRP) の売上げ金額に対する短期効果を分析する．

R による分析

あるシャンプーブランドを仮定しよう．データは週次データである．広告量のほかに毎週の平均販売価格と販売金額のデータがある．週平均 GRP は 167.28（例えば視聴率が10%程度のテレビ番組に番組内広告として16回出稿している状況）である．t 週目の平均価格を p_t，正規分布を仮定した誤差項を ϵ_t とし，次の重回帰モデルで広告の短期効果を推測する．

$$Y_t = \alpha + \beta_1 \ln(a_t) + \beta_2 p_t + \epsilon_t \tag{4.46}$$

Rによる推定結果は図4.6である．自由度修正済み決定係数は0.773で，そこそこの説明力がある．当期対数広告の係数推定値は3287.89，t値も4.34で統計的に有意である．平均GRPの162.78から，視聴率10%のテレビ番組にあと1回多く出稿した場合の販売金額の増分は196.02万円と予測される．

```
data_grp=read.table("grp.txt",header=T,row.names=1)
colnames(data_grp)=c("sales","grp","price")
data_grp[,2]=log(data_grp[,2])
lm_rslt=lm(sales~grp+price,data_grp)
summary(lm_rslt)
```

```
Call:
lm(formula=sales~(grp+price),data=data_grp)
Residuals:
    Min     1Q  Median     3Q    Max
 -6252.8 -2346.4 -184.4 1870.1 7039.4

Coefficients:
             Estimate Std. Error t value Pr(>|t|)
(Intercept) 40218.319  7626.153   5.274  2.15e-06 ***
grp          3287.850   757.461   4.341  5.88e-05 ***
price         113.082     8.062  14.026   < 2e-16 ***
---
Signif. codes: 0 '***' 0.001 '**' 0.01 '*' 0.05 '.' 0.1 ' ' 1

Residual standard error: 3099 on 57 degrees of freedom
Multiple R-Squared: 0.7806,    Adjusted R-squared: 0.773
F-statistic: 101.4 on 2 and 57 DF,  p-value: < 2.2e-16
```

図 4.6　回帰分析コードと結果：対数広告

c. 広告長期効果と持続期間

広告の情報は消費者の頭の中に累積されるため，広告に露出した時点のみならず長期間にわたり効果が持続する．

よく用いられる広告の累積量は，以下で定義される「広告ストック」である．

$$\begin{aligned} A_t &= \lambda A_{t-1} + a_t \\ &= a_t + \lambda a_{t-1} + \lambda^2 a_{t-2} + \cdots = \sum_{i=0}^{\infty} \lambda^i a_{t-i} \end{aligned} \tag{4.47}$$

ここでA_tはt期時点の広告累積量である広告ストックで，λ（ただし$0 \leq \lambda < 1$）は今期露出した広告情報が次の期に繰り越される割合である．この効果を広告残存効果と呼ぶ．

ある広告量（例えばGRP）が累積されている状態から広告を打ち切ったときの広告ストックが減衰していく過程を，残存効果が0.3，0.6，0.9のときで

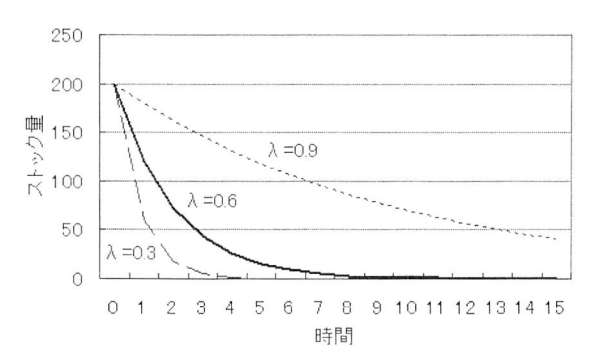

図 4.7 広告ストックの減衰

描いたものが図 4.7 である．当然のことながら，残存効果が小さい方が広告ストックは早く減衰する．

広告ストックの効果を次の回帰式で測定すると，このモデルはコイック (Koyck) 型の分布ラグモデルになる．広告の長期効果を測定する目的で，Palda(1964) をはじめとして多くの広告効果測定の研究で用いられている．

$$
\begin{aligned}
y_t &= \alpha + \beta A_t + \epsilon_t \\
&= \alpha + \beta a_t + \beta \lambda A_{t-1} + \epsilon_t \\
&= \alpha + \beta \sum_{i=0}^{\infty} \lambda^i a_{t-i} + \epsilon_t
\end{aligned}
\tag{4.48}
$$

β は広告の短期効果である．毎期の広告量が一定であるという定常状態を仮定し $a_t = a$ とするなら，式 (4.48) から

$$
y_t = \alpha + a\beta \sum_{i=0}^{\infty} \lambda^i + \epsilon_t = \alpha + a\frac{\beta}{1-\lambda} + \epsilon_t
\tag{4.49}
$$

となり，広告長期効果は $\beta/(1-\lambda)$ となる．例えば残存効果が 0.6 の場合，長期効果は短期効果の 2.5 倍である．

また，ある期の広告ストック量 A_t を 100％ とし，そこから広告を止め，$r \times 100\%$ まで減衰するのに要する期間 k を広告の持続期間 (duration interval) という．この広告の持続期間 k は $\lambda^k = r$ であるから，式を整理すると次のようになる．

$$
k = \frac{\ln r}{\ln \lambda}
\tag{4.50}
$$

図 4.7 の例で計算すると，ストック量が 200 の時点を 100%とし，そこから半分の 100 になるまでには，残存効果が 0.6 のときで 1.35 期間かかる．ただしこれには，Clarke(1976) や Bass and Leone(1983) でも議論されているように，データの観測間隔の違いにより大きく結果が異なるという問題が残っている．

4.2.5　セールスプロモーション

a．セールスプロモーションの概念

　本節では狭義の販売促進活動であるセールスプロモーション（以下プロモーション）戦略について論ずる．ここでは特にプロモーション効果を評価するための統計モデルについて詳しく説明する．プロモーションとは，消費者または流通業者の購買行動を促すことで短期的な売上げまたはマーケットシェアの増加を目的としたマーケティング手段である．広告がブランドの認知やブランドイメージの構築を狙うのに対し，プロモーションは消費者や流通業者に対し購入のインセンティブを提供する．

　プロモーションは非常に重要で使用頻度も高いマーケティング手段である．広告とパブリシティを含めたマーケティング活動全体の予算に占めるプロモーションの割合は年々増加している．消費財メーカーにおいては，その割合が 65〜75%にもなっている．プロモーション予算急増の要因として，多くの企業がプロモーションの効果に信頼を置いていることが挙げられる．製品マネージャーは売上げの増加を義務付けられ，短期間でそれを達成しようとしている．また近年では，企業間の技術格差が縮小しており，製品差別化による競争優位性の確立が難しくなったため，価格競争が避けられなくなっている．さらに，長引いた景気の低迷により消費者の低価格志向が強くなっていることも，プロモーションが重視される要因になっている．

b．プロモーション手段

　プロモーションには様々な手段がある．プロモーションの実施目的によって使用するプロモーション手段は異なる．例えば潜在顧客に製品の試用を促すためには，サンプルの配布や実演販売といったプロモーション手段が適している．また競合他社の既存顧客を乗り換え（スイッチ）させようとする場合，クーポンのような値下げプロモーションは効果的である．

4.2 プロモーション

実施主体と実施対象によって，プロモーション手段は次の3つに分類することができる（図4.8を参照）．

1) トレードプロモーション：生産者が流通業者（小売業者）に対して行う
2) 小売プロモーション：小売業者が消費者に対して行う
3) 消費者プロモーション：生産者が消費者に対して行う

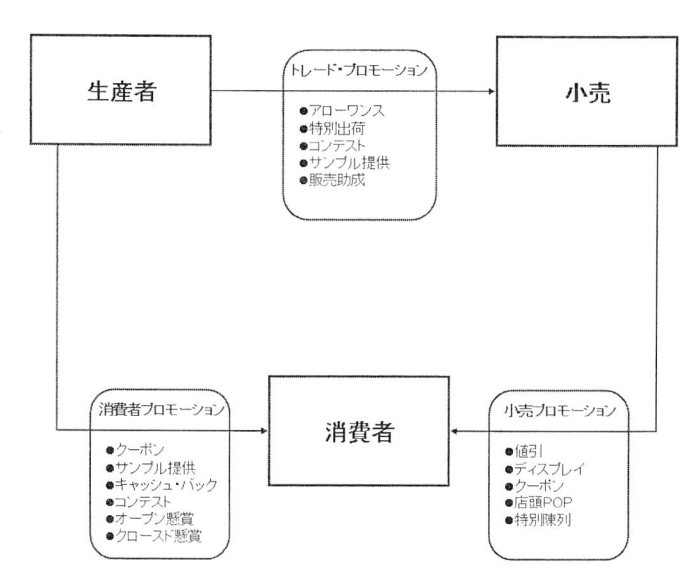

```
        ┌─────────┐    トレード・プロモーション    ┌─────────┐
        │  生産者  │─────────────────────→│   小売   │
        └─────────┘    ●アローワンス            └─────────┘
             │          ●特別出荷                     │
             │          ●コンテスト                   │
             │          ●サンプル提供                 │
             │          ●販売助成                     │
             │                                       │
             │                                       │
     消費者プロモーション                       小売プロモーション
             │         ┌─────────┐               │
             │         │  消費者  │←──────────────┘
             └────────→└─────────┘
         ●クーポン                              ●値引
         ●サンプル提供                          ●ディスプレイ
         ●キャッシュ・バック                    ●クーポン
         ●コンテスト                            ●店頭POP
         ●オープン懸賞                          ●特別陳列
         ●クローズド懸賞
```

図 4.8 プロモーションの実施主体と実施対象による分類

また訴求ポイントによってプロモーションを価格訴求型，情報提供型，体験型，インセンティブ提供型プロモーションに分類することができる (上田・守口，2004). 価格訴求型プロモーションは，文字どおり価格に対する買い得感を訴求ポイントとするプロモーションで，キャッシュバックやクーポンといった手段がある．情報提供型プロモーションは，製品やサービスの特性情報を提供し，消費者の購買意欲を喚起させるものである．これにはチラシの配布やPOP広告などの手段がある．体験型プロモーションは，実際に製品やサービスを消費者に試用してもらい，購買に伴う知覚リスクを削減し，消費者の購買決定の促進を狙うプロモーションである．典型的なのはサンプル提供と実演である．インセンティブ提供型プロモーションは購入者に対し景品やおまけなどを提供

するプロモーションである．例えば懸賞やコンテストはこのタイプに入る．

4.2.6 セールスプロモーションの効果

セールスプロモーションの効果は，使っている手段によって違ってくる．例えばサンプル提供は消費者に新製品の試用を促進し，値引きは購買時点における消費者の購買動機を喚起させる効果がある．またプロモーションは，(1) 短期的な効果だけではなく，(2) 長期的な効果も持っている．ただし，長期的な効果にはプラスの効果とマイナスの効果があるので注意が必要である．

(1) 短期的効果

プロモーションは短期間で売上げを増加させる効果を持っている．プロモーションによる売上げの増加は通常の売上げの 10 倍以上になることが珍しくない．プロモーションの短期的効果は通常，プロモーション実施期間中に生じるため，その測定は比較的に容易である．測定期間における販売量とプロモーションのデータがあれば分析は可能である．POS データやパネルデータを用いたプロモーションの短期的効果の測定に関する先行研究は数多くある (例えば Guadagni and Little, 1983; Krishnamurthi and Raj, 1988; Gupta, 1988).

ところで，プロモーションによる短期的な売上げの増加はどこからもたらされるのであろうか．主な源泉は少なくとも 3 つあると考えられる．

1) ブランドスイッチング：特に競合他社の顧客によるブランドスイッチングである．通常は A 社のブランドを購入している顧客が，B 社のプロモーションに惹き付けられ B 社ブランドを購入してしまう．
2) 購入量の増加：取引きエクイティという買い得感によって，消費者が同じブランドを通常より多く購入するようになる．
3) 購入間隔の短縮：現時点では製品の購入時期ではないが，プロモーションに惹き付けられ購入時期を前倒しするというケースである．例えば，以前購入したインスタントコーヒーがまだ家に残っている（在庫がある）のに，店頭に入ったらインスタントコーヒーが値引されているのを見て，つい買ってしまう場合である．

先行研究では，この 3 つの源泉のうちブランドスイッチングによる効果が最も大きいと報告されている．Gupta(1988) はこの 3 つの源泉の効果をプロモー

ション弾力性を用いて調べた．彼によると，平均的なプロモーションによる売上げ増加のうち，75％がブランドスイッチングからもたらされるという．

この3つの源泉のほかにもプロモーションによる売上げ増加の要因はある．1つは製品カテゴリーの需要の増加である．いままで当該製品カテゴリーを購入していない潜在顧客がプロモーションの情報を受け，当該カテゴリーを購入するようになる．また既存顧客についてもプロモーションによって消費率が上昇し，これが製品カテゴリーの需要の増加をもたらす場合がある (Ailawadi and Neslin, 1998). van Heerde, et al. (2003) はプロモーションの効果を評価する際に製品カテゴリーの需要増加が無視できないと主張している．製品カテゴリーの需要増加を無視すれば，ブランドスイッチングによる売上げ増加を過大評価する危険性があるからである．実際に彼らの研究では，カテゴリー需要の増加を考慮した結果，プロモーション時の売上げ増加のうち，ブランドスイッチングによる割合は（平均で75％ではなく）33％である．

(2) 長期的効果

プロモーションは消費者のブランドに対する知覚・態度や購買行動に長期的な影響を与えることがある．この長期的効果は必ずしも好ましいものばかりではない．好ましい効果としては，反復購買によるブランドの購買確率の強化である．つまり，プロモーションによって消費者の当該ブランドの購入機会が多くなり，同じブランドを購入する習慣が形成されるということである．

他方，プロモーションは長期的に以下のようなマイナス効果をもたらすことがある．これらの効果はいずれも長期的な売上げの減少につながる．

1) プロモーション実施に対する期待の形成：プロモーションに慣れた消費者は，プロモーションを利用するために購買タイミングをプロモーションの実施期間に合わせようとする傾向がある．言い換えれば，プロモーションが実施されていないときは購入しなくなる．
2) ブランドイメージの低下：頻繁にプロモーションされたブランドには，安いブランドというイメージが付きやすい．イメージが低下したブランドに対して，消費者は高い代金（プレミアム価格）を支払いたがらない．
3) 参照価格の低下：参照価格とは，ある製品に対する消費者の値ごろ感であるが，プロモーションを頻繁に行ってしまうと参照価格が低下する．そ

のため，プロモーション後に価格を通常価格に戻したときに消費者はこれを値上げと知覚してしまい，売上げが大幅に減少する．

a. セールスプロモーション効果の注意点

プロモーションの短期的な効果を測定する際に留意しなければならない点が2つある．1つはプロモーションによる需要の先食い現象である．これはプロモーションを知った消費者が購入タイミングを早めたために，プロモーション後の需要が大幅に減少することである．例えば消費者が店頭に入って日用品が値引きされているのを見て購入してしまうケースである．この消費者は，在庫が切れているから購入しようというのではなく，いま安くなっているから購入するのである．この場合，プロモーション期間が終わっても消費者が通常より多くの在庫を持っているので，その在庫が切れるまで製品の購入は行われない．

もう1つは需要の先送り現象である．これは消費者が購入タイミングをプロモーションの実施に合わせ，需要を先送りすることである．この場合，プロモーション実施の直前に消費者が購入を控えるため，需要が大幅に減少する．プロモーション期間になると売上げが急速に伸びるが，その後通常の水準に戻る．

需要の先食いと先送りはいずれもプロモーション効果の過剰評価の原因になりうる．というのは，これらの現象が発生することによりプロモーションなしの売上げ水準（ベースライン売上げ）が減少してしまうからである．プロモーション効果の測定にあたっては，基本的にプロモーションが行われているときと行われていないときの売上げを比較するが，ベースライン売上げが減少するということは，プロモーション時の売上げに比べてベースライン売上げが実際のそれより少なくなってしまうということである．この問題を避けるためには

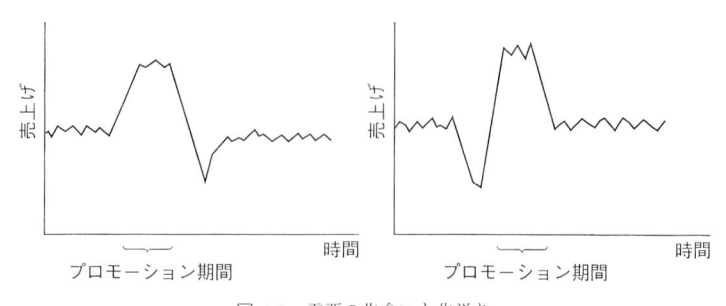

図 4.9　需要の先食いと先送り

需要の先食いと先送りの影響を取り除かなければならない．1つのやり方としては，プロモーションの直前あるいは直後の売上げを除いた平均売上げをベースライン売上げとして考える方法がある．

b. プロモーション効果モデル

すでに述べたように，プロモーションによる売上げの増加には様々な源泉がある．それぞれの源泉からもたらされる売上げの増加を測定することはマーケティング上，非常に重要なことである．プロモーションを実施する生産者や流通業者は，それぞれの源泉の売上げに対する貢献度に高い関心を持ち，これを正確に測定することができればプロモーションの収益性を把握することができる．例えば生産者にとって，ブランドスイッチによる売上げの増加はプロモーションの収益の最も重要な源泉である．それに対して，特定のブランドの売上げよりも全体の売上げに関心を持つ流通業者にとっては，プロモーションによる需要増加の測定が重要になってくる．

プロモーションの効果を測定するために用いるデータは大きく分けて2種類ある．1つは集計レベルのデータである．例えば店舗で販売される商品の売上げ，価格，プロモーションを記録するPOSデータである．POSデータはいつ，何を，いくらで，いくつ販売したかというデータを補足する．もう1つは非集計のデータで，顧客ごとの購買履歴を記録したものである．

以下では仮想のデータを用いて，集計レベルにおけるプロモーションの効果測定について説明する．プロモーション効果の3つ源泉である「ブランドスイッチ」，「購入間隔の短縮」，「購入量の増加」を測定するための統計モデルについては，本書の範囲を超えるので扱わない．ただし，ブランドスイッチングによる売上げ増加の測定にはブランド選択モデルを用いることができる．これについては第5章で説明する．購入間隔の短縮と購入量の増加の源泉について関心のある読者は，ハザードモデル (Jain and Vilcassim, 1991) や，切断されたポアソン回帰モデル (Ailawadi and Neslin, 1998) を参照するとよい．

(i) 線形モデル

集計モデルには大きく分けて線形モデルと非線形モデルがある．線形モデルは文字どおり，価格とプロモーションと販売数量の関係が線形であるという仮定をおいている．一方，非線形モデルは非線形の仮定をおいている．非線形モ

デルには逓増型，逓減型，S字型のモデルがある (守口，2002)．図 4.10 は線形と非線形モデルによるプロモーション効果の形状を表している．

ここで，プロモーション効果の線形モデルは次式で表すことができる．

$$Y_t = \alpha + \beta_1 P_t + \beta_2 SP_t + \epsilon_t \tag{4.51}$$

ここで，α は切片を表し，β_1, β_2 はそれぞれ価格とプロモーションの効果を表す係数である．Y_t は t 期における販売数量，P_t は t 期の価格，SP_t は t 期のプロモーション活動（チラシの配布）の有無を表すダミー変数である．ϵ は平均 0，分散 σ^2 の正規分布に従う誤差項である．

式 (4.51) は売上げを被説明変数とし，価格とプロモーションを説明変数とする重回帰式になっている．ここでプロモーション変数はチラシ配布の有無を表す (0,1) 変数であり，配布があったときは 1，ないときは 0 の値をとる．ここで使うプロモーション変数は離散型の変数であるが，例えば値引率のような連続変数を使う場合も同様のモデルを用いることができる．

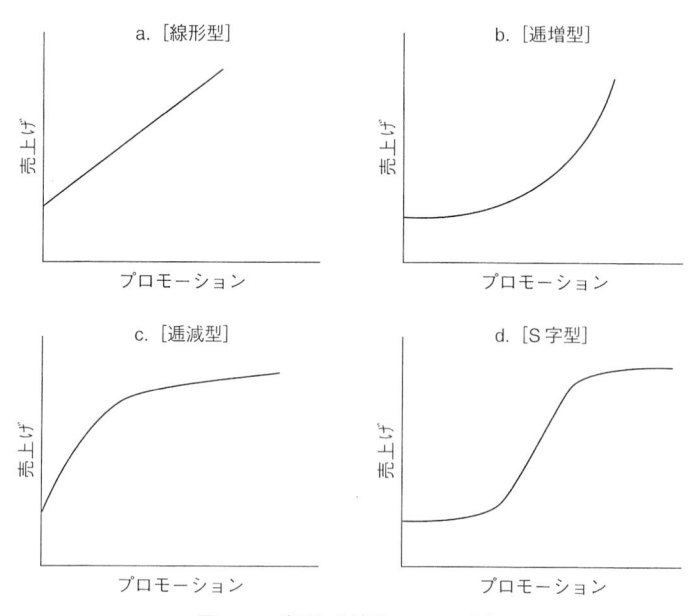

図 4.10 線形と非線形モデルの形状

表 4.2 売上げおよび価格とプロモーションのデータ

期	販売数量	価格	チラシ配布の有無	期	販売数量	価格	チラシ配布の有無
1	231	100	0	11	191	118	0
2	190	120	1	12	220	120	1
3	255	90	0	13	296	75	0
4	290	90	1	14	245	115	1
5	180	119	0	15	256	100	1
6	241	95	0	16	185	115	0
7	295	85	1	17	183	123	0
8	280	98	1	18	149	130	0
9	320	80	1	19	322	70	0
10	212	105	0	20	180	130	1

R による分析例：線形モデル

いま，このモデルを次の売上げと価格・プロモーションデータに当てはめてみよう．

R の回帰分析のコードおよび出力結果は図 4.12 のようになる．

パラメータの推定値を見れば価格とチラシの両方が有意で，期待された符号になっていることがわかる．チラシの推定値は 32.177 である．これはチラシを配布すれば販売数量はおよそ 32 単位増加することを意味する．

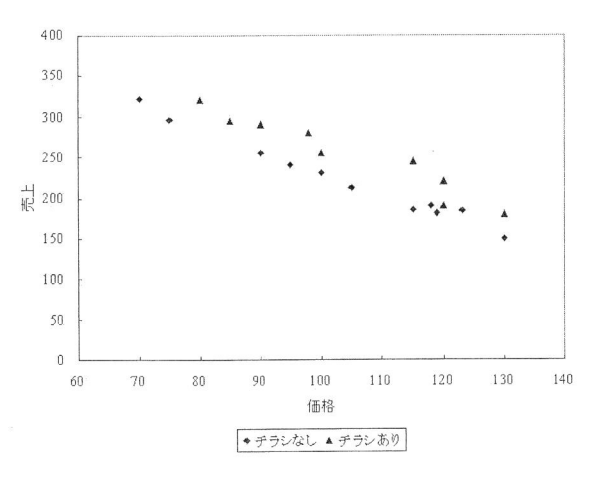

図 4.11 売上げ数量と価格・プロモーションの関係

```
> data<-read.table("C:/RW/salesdata.txt",header=T)
> prom.lm<-lm(売上~価格+チラシ,data=data)
> summary(prom.lm)
----------------------------------------------------------------
Residuals:
    Min      1Q   Median      3Q     Max
-20.844  -4.875   -1.957   7.541  20.832

Coefficients:
             Estimate  Std. Error  t value  Pr(>|t|)
(Intercept)  498.4423    13.2714   37.558   < 2e-16 ***
価格          -2.6648     0.1247  -21.362   1.02e-13 ***
チラシ         32.1774     4.4727    7.194   1.50e-06 ***
---
Signif. codes:  0 '***' 0.001 '**' 0.01 '*' 0.05 '.' 0.1 ' ' 1

Residual standard error: 9.95 on 17 degrees of freedom
Multiple R-squared: 0.9673,     Adjusted R-squared: 0.9635
F-statistic: 251.6 on 2 and 17 DF,  p-value: 2.351e-13
----------------------------------------------------------------
```

図 4.12 線形モデルの R コードと推定結果

(ii) 非線形モデル

上述したように,非線形モデルには逓増型,逓減型,S 字型の 3 つの形状がある.以下では,これらのモデルについて説明する.ただし,いくつかの非線形モデルについては,数学的変換を用いて線形化することが可能である.この場合は,通常の回帰分析を用いてモデルの推定を行うことができる.後で示すように S 字型モデル以外はこの方法を適用することができる.まず,逓増型モデルについて説明しよう.

逓増型のプロモーション効果は,図 4.10 b で示しているようにプロモーションなしの状態からプロモーションの量を増やしていくと最初は売上げが緩やかに増加し,ある時点から売上げが爆発的に増加していく.逓増型モデルを表現するために価格 P_t,プロモーション SP_t と売上げ Y_t の関係を次のように表す.

$$Y_t = \exp(\alpha + \beta_1 P_t + \beta_2 SP_t + \epsilon_t) \tag{4.52}$$

上の式の両辺の自然対数をとって対数変換を行うと,次のような線形関係に変換することができる.

$$\log Y_t = \alpha + \beta_1 P_t + \beta_2 SP_t + \epsilon_t \tag{4.53}$$

線形モデルと同様に，逓増型モデルをこのデータを用いて分析しよう．

R による分析例：逓増型モデル

モデル推定の R コードおよび出力結果は図 4.13 で示される．

チラシ変数の推定値は，チラシを配布したときに売上げが何%増えるかを示している．チラシのパラメータの推定値は 0.143 であるから，チラシを配布すれば売上げはおよそ 14.3%増加すると結論できる．

```
> data<-read.table("C:/RW/salesdata.txt",header=T)
> prom.lm<-lm(log(売上)~価格+チラシ,data=data)
> summary(prom.lm)
--------------------------------------------------------------
Residuals:
      Min        1Q    Median        3Q       Max
-0.089057 -0.024419 -0.007179  0.025706  0.108301

Coefficients:
             Estimate  Std. Error  t value  Pr(>|t|)
(Intercept)  6.557884   0.065426   100.233  < 2e-16 ***
価格        -0.011375   0.000615   -18.497  1.07e-12 ***
チラシ       0.143222   0.022050     6.495  5.49e-06 ***
---
Signif. codes:  0 '***' 0.001 '**' 0.01 '*' 0.05 '.' 0.1 ' ' 1

Residual standard error: 0.04905 on 17 degrees of freedom
Multiple R-squared: 0.9572,    Adjusted R-squared: 0.9522
F-statistic: 190.3 on 2 and 17 DF,  p-value: 2.314e-12
--------------------------------------------------------------
```

図 4.13　逓増型モデルの R コードと推定結果

逓減型のプロモーション効果は，図 4.10 c で示しているようにプロモーションの量を増やしていけば最初は売上げが急激に増えるが，ある水準までいくとプロモーションの効果は低減していく．逓減型モデルでは，価格，プロモーションと売上げの関係を次のよう表すことができる．

$$Y_t = \exp(\alpha + \epsilon) \cdot P^{\beta_1} \cdot SP^{\beta_2} \tag{4.54}$$

ここで注意しておきたいのが，β のとる値によって逓増型または逓減型のモデルになることである．$|\beta| > 1$ のときに逓増型になり，$|\beta| < 1$ のときに逓減型になる．式 (4.54) の値両辺の自然対数をとると，次のように線形モデルへ変換できる．

$$\log Y_t = \alpha + \beta_1 \log P_t + \beta_2 \log SP_t + \epsilon \tag{4.55}$$

逓減モデルを上述のデータを用いて分析しよう．

R による分析例：逓減型モデル

まず注意しなければならないのは，プロモーション変数は 0 か 1 の値しかとらないことであり，プロモーション変数を $\exp(SP_t)$ に設定する．モデル推定の R コードおよび計算結果が図 4.14 で示されている．

```
> data<-read.table("C:/RW/salesdata.txt",header=T)
> prom.lm<-lm(log(売上)~log(価格)+チラシ,data=data)
> summary(prom.lm)
-------------------------------------------------------
Residuals:
     Min       1Q   Median       3Q      Max
-0.101334 -0.029284  0.001214  0.039491  0.110373

Coefficients:
             Estimate  Std. Error  t value  Pr(>|t|)
(Intercept)  10.55427    0.32325   32.651   < 2e-16 ***
log(価格)    -1.11946    0.06982  -16.032   1.07e-11 ***
チラシ        0.14836    0.02525    5.875   1.83e-05 ***
---
Signif. codes:  0 '***' 0.001 '**' 0.01 '*' 0.05 '.' 0.1 ' ' 1

Residual standard error: 0.05615 on 17 degrees of freedom
Multiple R-squared: 0.944,    Adjusted R-squared: 0.9374
F-statistic: 143.2 on 2 and 17 DF,  p-value: 2.306e-11
-------------------------------------------------------
```

図 4.14　逓減型モデルの R コードと推定結果

逓減型モデルでは，パラメータの推定値はそのまま変数の弾力性になっている．このモデルでは $\exp(SP_t)$ が 1%増えたとき売上げがおよそ 14.8%増えるという結果になっている．

次に S 字型のプロモーション効果の場合を見てみよう．S 字型の場合には，値引率のような連続のプロモーション変数を考えると理解がしやすくなる．値引率を 0 から上げていくと，最初は売上げがわずかしか変動しないが，ある変曲点を超えると売上げが急激に増加し，また次の変曲点を超えると売上げが逓減していく．この関係を次の式で表すことができる．

4.2 プロモーション

$$Y_t = \frac{C}{1 + \exp(-Z_t)} \quad (4.56)$$

ここで，$Z_t = \alpha + \beta_1 \log P_t + \beta_2 \log SP_t + \epsilon_t$ であり，C は販売数量の飽和点である．次のように変換を行えば線形の関係を得ることができる．

$$\log\left(\frac{Y_t}{C - Y_t}\right) = \alpha + \beta_1 \log P_t + \beta_2 \log SP_t + \epsilon \quad (4.57)$$

R による分析例：S 字型モデル（ロジスティック回帰）

S 字型を仮想データに当てはめてみよう．ただし，前の3つのモデルと違って S 字型モデルは非線形回帰分析で推定される．モデル推定の R コードおよび出力結果は図 4.15 のようになる．

```
> data<-read.table("C:/RW/salesdata.txt",header=T)
> prom.nls<-nls(売上~300/(1+exp(-a-b*価格-c*チラシ)),
 data=data,start=c(a=0,b=0,c=0),trace=TRUE)
> summary(prom.nls)
----------------------------------------------------------
Parameters:
   Estimate  Std. Error  t value  Pr(>|t|)
a  6.89961   0.79631     8.664    1.21e-07 ***
b -0.05441   0.00682    -7.978    3.79e-07 ***
c  0.58762   0.16343     3.596    0.00223 **
---
Signif. codes:  0 '***' 0.001 '**' 0.01 '*' 0.05 '.' 0.1 ' ' 1

Residual standard error: 17.46 on 17 degrees of freedom

Number of iterations to convergence: 8
Achieved convergence tolerance: 3.294e-06
----------------------------------------------------------
```

図 4.15　S 字型モデルの R コードと推定結果

上述のモデルでは，価格が同水準でチラシがないときに比べてチラシがあったときに $\frac{Y_t}{C-Y_t}$ が $\exp(\beta_2)$ 倍になる．推定結果を用いて計算すると $\exp(\beta_2) = 1.8$ が求められる．ところで，チラシを固定した場合に $\frac{Y_t}{C-Y_t}$ が 1.8 倍になるためには価格をどのくらい下げればよいだろうか．これは $\frac{\beta_2}{\beta_1}$ で算出することができる．推定値を使えばこの値は -10.8 であることがわかる．つまり，チラシの効果は価格を 11 円下げたときの効果とほぼ等しいということである．

4.3 流通

4.3.1 流通と商圏のモデル

流通チャネルは，典型的には"メーカー・卸・小売"の3つの主体から構成される．伝統的チャネルは三者の意思決定の自立性を前提とし，各主体ごとにそれぞれの競争を意識して意思決定する水平的市場構造をしていた．これに対して，有効な流通システムとして垂直的マーケティングシステムが認識された．そこではメーカー，卸，小売の誰がチャネルのリーダーシップをとるかについて，企業特性や市場環境の点から数理モデルを利用した演繹的議論により各種の議論が行われている．

本節では，流通施設の立地や商圏を決定する統計モデルである小売吸引力型の商圏モデルを解説する．

このモデルは，小売店の集客力は，消費者が抱く小売施設の魅力度に比例し，距離やアクセスなどの抵抗要因に反比例するという仮定をモデル化したものである．この代表的なものとして，レイリー (Reily) モデル，コンバース (Converse) モデル，ハフ (Huff) モデル，修正ハフモデルなどがある．

a. レイリーモデル

2つの小売施設の集客数（小売吸引取引量）を S_1, S_2 としたとき，これらの比は各施設エリア内の人口 P_1, P_2 に比例し，中間地点からの距離 D_1, D_2 の2乗に反比例する

$$\frac{S_1}{S_2} = \frac{P_1/D_1^2}{P_2/D_2^2} \tag{4.58}$$

とする．万有引力の法則のアナロジーを持つモデルである．

b. コンバースモデル

コンバースモデルは，2施設の吸引力が等しくなる地点を決めて商圏の分岐

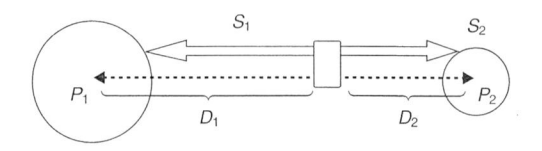

図 4.16 レイリーモデル

点を求めるモデルであり，次で定義される．

$$D_2 = \frac{D_{12}}{1+(P_1/P_2)^{1/2}} \tag{4.59}$$

ここで D_{12} は 2 施設間の距離である．レイリーモデルにおいて吸引力が等しいこと ($S_1 = S_2$)，さらに $D_{12} = D_1 + D_2$ であることを利用して，これらを代入して得られるモデルで，レイリーモデルの図にある距離 D_2 を求めている．

c. ハフモデル

上記の 2 つのモデルは，2 つの小売施設間の小売吸引力を測定して商圏を決めるものであったが，ハフモデルは一般に 3 つ以上の施設間の集客力を測定できる．n 個のエリアの中の i 地域に居住する消費者が，m 箇所の小売施設の中から 1 つの施設 j を選択して買物をする確率をモデル化したものである．施設の魅力度の代表として売り場面積 S_j，抵抗要因として居住地 i と小売施設 j との距離を D_{ij} とするとき，エリア i に居住する消費者が小売施設 j を選択する確率 p_{ij} は，

$$p_{ij} = \frac{S_j/D_{ij}^\lambda}{\sum_{k=1}^m S_k/D_{ik}^\lambda}, \quad i=1,\cdots,n \tag{4.60}$$

で与えられるとする．ここで距離 D_{ij} には，居住地 i から目的地 j までの移動距離や移動時間などが使われる．λ は抵抗要因が選択確率へ与える影響度の調整パラメータである．これは各居住地 i $(i=1,\cdots,n)$ のそれぞれから大きさ T_i の調査対象者 k を選び，それらの距離データ $D_{ij}^{(k)}$ および実際に選択した確率 $\hat{p}_{ij}^{(k)}$ を調査し，

$$\min_{\lambda} \sum_{i=1}^n \sum_{j=1}^m \sum_{k=1}^{T_i} \left(p_{ij} - \hat{p}_{ij}^{(k)}\right)^2 \tag{4.61}$$

となるようにパラメータを決定する．これは非線形最適化による数値解析によって求めることになる．これに対する簡便法として，事前に $\lambda = 2$ と与える**簡易ハフモデル**も提案されている．

いま目的地 j エリアの商圏人口を B_j としたとき，上述の選択確率 p_{ij} と居住地域 i の人口を Z_i から

$$B_j = \sum_{i=1}^n Z_i p_{ij} \tag{4.62}$$

と決定できる．

4.3.2 モデルの推定

このハフモデルは，4.1.2 項で議論したマーケットシェアを規定する魅力度モデルと同じ形をしていることがわかる．つまりハフモデルは，$A_{ij} = S_j/D_{ij}^\lambda$ とした魅力度モデルである．

いま上記のモデルは，λ を定数として与えてしまえば，売り場面積 S と距離 D から目的地選択確率 p が自動的に決定される．これを一般化すると，小売施設 j の魅力度の要因を K 種類勘案して，

$$A_{ij} = \prod_{k=1}^{K} X_{kij}^{\beta_k} \tag{4.63}$$

のように規定することもできる．ここで $X_{kij} > 0$ を仮定している．この場合の目的地 j の選択確率は

$$p_{ij} = \frac{\prod_{k=1}^{K} X_{kij}^{\beta_k}}{\sum_{j=1}^{m} \prod_{k=1}^{K} X_{kij}^{\beta_k}}, \quad i = 1, \cdots, n \tag{4.64}$$

で与えられる．これからパラメータを推定するためには，4.1.2 項で説明した対数中央化変換を利用して，さらに誤差項 u_{ij} を付加して計量モデル

$$\log\left(\frac{\hat{p}_{ij}}{\hat{p}_{ij}^*}\right) = \sum_{k=1}^{K} \beta_k \log\left(\frac{X_{kij}}{X_{kij}^*}\right) + u_{ij} \tag{4.65}$$

を構成して，調査データ $\{\hat{p}_{ij}^{(k)}, X_{ij}^{(k)}\}$ を用いて最小 2 乗法でパラメータを推定すればよい．ここで X_{ij}^* および $\hat{p}_{ij}^*$ は，それぞれ $X_{ij}^* = \left(\prod_{j=1}^{m} X_{kij}\right)^{1/m}$, $\hat{p}_{ij}^* = \left(\prod_{j=1}^{m} \hat{p}_{ij}\right)^{1/m}$ で定義される幾何平均である．

4.4　製　品　戦　略

企業にとって製品開発は 1 つの戦略であり，市場状態と製品種類の切り口から，次の表にあるような 4 つの製品戦略が考えられる．つまり，既存市場に新製品を開発して参入を図る製品開発戦略，既存製品をもって新しい市場へ参入する市場開発戦略，既存製品を既存市場でさらに浸透させる市場浸透戦略，そして新製品を開発して新市場を開発する多角化戦略．

これらのうちいずれを採用するかは，市場規模，企業の特性（技術力，規模，革新性など），市場環境（規模，競争の状態など）によって決まる．

製品市場マトリックス

市場/製品	既存製品	新製品
既存市場	市場浸透	製品開発
新市場	市場開発	多角化

これらの意思決定は，同じ企業内においても戦略的事業単位(SBU：strategic business unit)ごとに行われることが多い．企業の経営資源を配分する上ではSBU単位で事業評価を行う必要があり，その際にプロダクトポートフォリオマトリックス(PPM：product portfolio matrix)という考え方が用いられることがある．

PPMは，横軸にSBUのマーケットシェア，縦軸に市場成長率をとり，この2次元上に各SBUをポジショニングする（図4.17参照）．

4.4.1 プロダクトポートフォリオマトリックス

図4.17ではPPMの例を示しており，A，B，C，Dの4つのSBUが布置されている．それぞれの円の大きさは事業規模を表している．これによればSBUのAはマーケットシェアが高くさらに市場成長率も高いので"スター"の象限

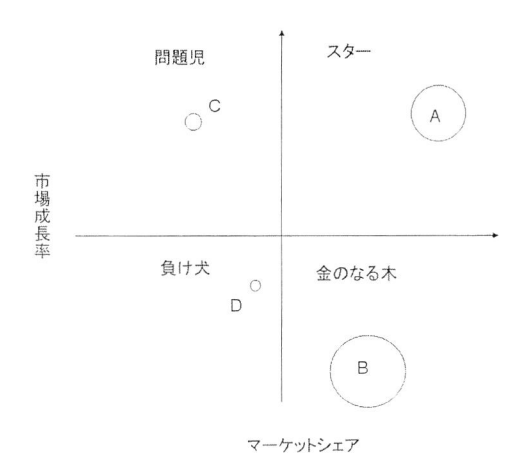

図 4.17 プロダクトポートフォリオマトリックス

に配置されている．逆に D は，シェアと市場成長率がともに低く"負け犬"の状態にある．事業規模が A より大きい B は，市場成長率が低い状態でシェアを獲得している"金のなる木"の状態であり，C は，市場成長率が高いマーケットにありながらシェアを獲得できていない"問題児"という評価を受ける状態にある．

4.4.2 コンジョイントモデルと新製品開発

コンジョイント分析は，心理学者 Luce と統計学者 Tukey (Luce and Tukey, 1964) によって考案された統計手法であり，新製品開発の際に，製品属性や価格を消費者の選好から決定するマーケティングリサーチ手法である．

a. 考え方

いま新しい電球を開発しようとする場合を考えよう．消費者が購買の際に評価する電球の属性として，明るさ (Watt)，寿命 (hours)，価格 (yen) があり，さらに各属性が表のような水準を持っているものとする．このとき，消費者からすれば，1 の電球が最も好ましく，逆に 3 が最悪の製品であると判断できる．

製品の属性と属性水準

	明るさ	寿命	価格
1	100W	500h	150yen
2	60W	400h	200yen
3	40W	350h	250yen

価格がすべて同じだと仮定して，明るさと寿命をすべて組み合わせると，9 種類の電球が考えられる．購入予定者は 2 つの属性を連結 (conjoint) して考え，それらに対して次のような選好順序を与えたとしよう．

属性と選好順序：1. 明るさと寿命

	500h	400h	350h
100W	1	2	4
60W	3	5	6
40W	7	8	9

いま仮に，明るさの 3 水準に対する効用が $(100, 60, 0)$，寿命の 3 水準に $(50, 25, 0)$ という評価値（これを部分効用と呼ぶ）を持っていたとすれば，これ

らを足し合わせることで，9種類の電球に対して次表のような評価値（これを全体効用と呼ぶ）が計算できる．カッコ内は与えた選好順位であり，2つの属性に対する評価値の合計の順位と選好順位は一致している．

部分効用と選好順序：1. 明るさと寿命

	500h	400h	350h
100W	150(1)	125(2)	100(4)
60W	110(3)	85(5)	60(6)
40W	50(7)	25(8)	0(9)

次に，寿命と価格の間の関係について，評価したとする．

属性と選好順序：2. 価格と寿命

	500h	400h	350h
150yen	1	4	7
200yen	2	5	8
250yen	3	6	9

このとき，価格の各水準に対する評価値を $(20, 5, 0)$ と決めると，各製品に対する評価値は次のように計算でき，選好順位と評価値順位が一致していることがわかる．

部分効用と選好順序：2. 価格と寿命

	500h	400h	350h
150yen	70(1)	45(4)	20(7)
200yen	55(2)	30(5)	5(8)
250yen	50(3)	25(6)	0(9)

したがって，上記のように，仮に決めた各属性水準に対する購入予定者の評価値（部分効用）は選好順序と整合的であり，これによって，3つの属性を組み合わせてできる購入予定者の新製品に対する評価値（全体効用）を求めることができる．このような各属性水準に対する部分効用がわかれば，例えば，次の2つの新製品 A および B の属性水準が与えられたとき，これらに対する全体効用はそれぞれ 105, 110 と計算され，この購入予定者は新製品 B を選択すると予測することができる．

新製品の評価値

属性	新製品 A	効用 1	新製品 B	効用 2
明るさ	100W	100	60W	60
寿命	350h	0	500h	50
価格	200yen	5	250yen	0
全体効用	-	105	-	110

これ以外にも，様々な属性水準の組合せにより構成できる新製品の全体効用は同様に計算できる．このように「全体効用＝部分効用の和」の関係を前提とし，表明された選好順序と計算される全体効用の大きさの順位が（できるだけ）一致するように部分効用を決めようとするのが，コンジョイントモデルの基本的な考え方である．

b. 古典的コンジョイント分析

部分効用は，選好順序を従属変数とし，各属性水準を分類するダミー変数を説明変数とする重回帰モデルにより測定できる．上述の電球の新製品開発の場合，3つの属性でそれぞれ3水準あるので，可能性のある新製品の組合せは全部で27通りある．この組合せを書いたカードを購入予定者に提示して，それぞれの選好順序を回答してもらい，その選好順序データを評価値の代理変数 $\{Y_1, Y_2, \cdots, Y_{27}\}$ とし，属性水準を区別するダミー変数を6種類用意する．つまり，明るさの属性については以下の2つがある．

$$明るさ1 = \begin{cases} 1, & 100W のとき \\ 0, & それ以外 \end{cases} \tag{4.66}$$

$$明るさ2 = \begin{cases} 1, & 60W のとき \\ 0, & それ以外 \end{cases} \tag{4.67}$$

他の2つの属性についても，それぞれ2つのダミー変数を導入し，3つの水準をカテゴリー化する．これら6つのダミー変数を説明変数とする重回帰モデル

$$Y = \alpha + \beta_{11}(明るさ1) + \beta_{12}(明るさ2) + \beta_{21}(寿命1) + \beta_{22}(寿命2) \\ + \beta_{31}(価格1) + \beta_{32}(価格2) + \epsilon \tag{4.68}$$

を設定して，回帰係数の推定値を部分効用の値とする．回答者の選好順位と計算される効用値のレベルの違いは切片 α で調整され，選好順位と比例するよう

に部分効用（回帰係数）を決めているといえる．

また，各属性の最低水準はすべてゼロとおいていることに注意する．つまり，評価値の推定値は

$$
\text{評価値 (選好順位)} = \alpha + \begin{cases} \beta_{11}(100\text{W の部分効用}) \\ \beta_{12}(60\text{W の部分効用}) \\ 0 \quad (40\text{W の部分効用}) \end{cases}
$$
$$
+ \begin{cases} \beta_{21}(500\text{h の部分効用}) \\ \beta_{22}(400\text{h の部分効用}) \\ 0 \quad (350\text{h の部分効用}) \end{cases} + \begin{cases} \beta_{31}(250\text{yen の部分効用}) \\ \beta_{32}(200\text{yen の部分効用}) \\ 0 \quad (150\text{yen の部分効用}) \end{cases} \tag{4.69}
$$

と分解される．

例えば，(60W, 350h, 250yen) の電球の予測された選好順位は，重回帰モデルの回帰係数推定値を用いて

$$\widehat{\text{選好順位}}(60\text{W, 350h, 250yen}) = \hat{\alpha} + \hat{\beta}_{12} + 0 + \hat{\beta}_{31} \tag{4.70}$$

と推定される．

上記は各属性の最低水準の部分効用をゼロとおいているが，属性 k，水準 i の部分効用を平均偏差

$$\beta_{ki}^* = \beta_{ki} - (\beta_{k1} + \beta_{k2} + 0)/3 \tag{4.71}$$

で定義し，属性内の各水準の部分効用の和をゼロとしていることが多い．また属性 k の部分効用のレンジは

$$R_k = \max_i \{\beta_{ki}^*\} - \min_i \{\beta_{ki}^*\} \tag{4.72}$$

と求まる．レンジの総和 $TR = R_1 + R_2 + R_3$ に占める割合

$$R_k/TR \tag{4.73}$$

は，各属性の影響の大きさを意味することから，重要度と呼ばれる．

c. 直交表利用によるコンジョイント分析

前述のコンジョイント分析は，各属性水準のすべての組合せ（フルプロファイル）を考慮して選好順序を購入予定者に質問しているが，属性数や水準数が大きくなると可能な新製品の組合せは指数関数的に増大し，質問に対して負荷がかかり，必ずしも正しく回答できない状況となる．そこで，直交表を用いて，組合せの数を減少させて効率よく部分効用を測定するのが，現実的なコンジョイント分析となる．

直交表は，統計学の始祖の1人であるフィッシャー (R.A.Fisher) によって1920年代に考案されたもので，実験を効率よく行うために，要因の組合せを効率よく減少させる統計手法である．

n を新製品の候補の数，m を属性水準の数，l を属性の数とするとき，これに対応する直交表は $L_n(m^l)$ と書ける．

例えば $L_8(2^7)$ の直交表は次で与えられる．

直交表 (2 水準)：$L_8(2^7)$

カード No./列	1	2	3	4	5	6	7
1	1	1	1	1	1	1	1
2	1	1	1	2	2	2	2
3	1	2	2	1	1	2	2
4	1	2	2	2	2	1	1
5	2	1	2	1	2	1	2
6	2	1	2	2	1	2	1
7	2	2	1	1	2	2	1
8	2	2	1	2	1	1	2

各属性を表す列は互いに相関係数がゼロとなるように作られていることから，直交配置と呼ばれる．2水準を持つ属性の数が7以下であれば，この直交表を利用できる．つまり属性数が4の場合は，最初の4列を利用して水準を割り当てればよい．各列は直交するので，利用されない列は他の列の効果に影響を与えない．

水準数が2以上の直交表は，ラテン方格をもとにして作られる．ラテン方格は，$k \times k$ の正方行列（方格）において k 個のラテン文字（アルファベット）が各行各列に1回ずつ現れるものである．詳細は省略するが，すべて3水準を

持つ 4 つの属性に対する直交表 $L_9\left(3^4\right)$ は次表で与えられる．ここでも各列は互いに無相関であり，すべての組合せでは $3^4 = 81$ 通りの新製品プロファイルが可能であるのに対して，直交表を用いれば 9 種類に限定できることがわかる．

直交表 (3 水準)：$L_9\left(3^4\right)$

カード No./列	1	2	3	4
1	1	1	1	1
2	1	2	2	2
3	1	3	3	3
4	2	1	2	3
5	2	2	3	1
6	2	3	1	2
7	3	1	3	2
8	3	2	1	3
9	3	3	2	1

上述の電球の新製品の例では 3 水準 3 属性なので，すべての組合せでは，購入予定者は $3^3 = 27$ 通りのプロファイルを提示され，これらの間で選好順位を回答しなければならない．しかし直交表 $L_9\left(3^4\right)$ を用いると，この最初の 3 列を用いて，次の 9 種類のプロファイルを作成して提示すればよいことになる．

直交表 (3 水準)：$L_9\left(3^4\right)$

カード No./属性	明るさ	寿命	価格
1	100W	500h	250yen
2	100W	400h	200yen
3	100W	350h	150yen
4	60W	500h	200yen
5	60W	400h	150yen
6	60W	350h	250yen
7	40W	500h	150yen
8	40W	400h	250yen
9	40W	350h	200yen

R による分析例

上記の新しい電球のコンジョイント分析のための R のコード，および 5 人のパネルに質問した選好順序データから推定された部分効用および重要度が図 4.18 に示されている．価格 (yen) の重要度が 48.8% と最も大きく，続いて明るさ (W：36.4%)，耐久時間 (h：14.7%) の順に評価されている．

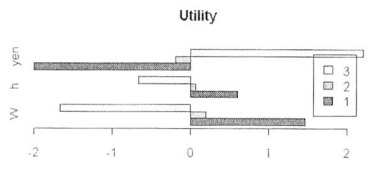

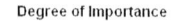

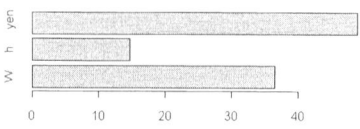

```
##コンジョイントモデル
## Load Data
df=read.csv("conjoint.csv")
y=as.matrix(df[,8])
X=as.matrix(df[,2:7])
n=5        # num of respondent
# label
lac=c("W","h","¥")
lar=c("1","2","3")
law=c("100W","60W","40W")
lap=c("¥250","¥200","¥150")    lah=c("500h","400h","350h")
la=cbind(law,lah,lap)              dimnames(la)=list(lar,lac)
## Conjoint Analysis
out=lm(y~X)
hen=coef(out)
# utility
c=rbind(matrix(hen[2:length(hen)],2),rep(0,3))
wa=colSums(c*3*n)/(9*n)
wa=t(matrix(rep(wa,3),ncol=3))
ut=c-wa
dimnames(ut)=list(lar,lac)
# degree of importance
tai=apply(ut,2,max)-apply(ut,2,min)
di=tai/sum(tai)*100
```

図 4.18　コンジョイント分析：R のコードと結果（部分効用と重要度）

以上のコンジョイント分析の手順をまとめると下記のようになる．

1) 新製品要因を構成する属性と水準をリストアップする．
2) プロファイルカード作成のために，直交表に属性と水準を割り付ける．
3) 割り付け表に従って，ダミー変数からなる説明変数行列を作成する．
4) 購入予定者に各プロファイルの評価値（選好順位，得点など）を回答してもらう．
5) 評価値を従属変数として式 (4.69) に対応する回帰モデルを推定する．
6) 各水準の回帰係数から，部分効用や評価値の予測値を作成する．属性と水準の組合せを取り上げ，全体効用の高い新製品を探す．
7) どの属性が効いているか要因分析を行う（各属性の最高水準–最低水準の値により属性ごとに比較する）．

このほか，属性数が 5（以下）のときは 12 種類のプロファイルが直交表 $L_{12}\left(3^5\right)$ から作成でき，属性数が 7（以下）のときは 18 種類のプロファイルが直交表 $L_{18}\left(3^7\right)$ から作成できる．

さらに水準数が属性によって 2 の場合と 3 の場合が混在する場合には，

1) 2 水準属性数が 1 で，3 水準属性数が 2（以下）のとき：$L_6\left(2\&3^3\right)$
2) 2 水準属性数が 3（以下）で，3 水準属性数が 1 のとき：$L_8\left(2\&3^4\right)$
3) 2 水準属性数が 2（以下）で，3 水準属性数が 3（以下）のとき：$L_{12}\left(2\&3^5\right)$

4) 2水準属性数が1で，3水準属性数が7（以下）のとき：$L_{18}\left(2\&3^8\right)$
など，様々な直交表が考えられており，これに応じて属性水準を割り当てていけばよい．

評価方法は，上述のように選好順位を答えてもらうほかに，得点評価をしたり，一対比較を行う場合もある．得点評価の場合は，これを従属変数とすればよいが，一対評価の場合には，プロファイル全体に評価値がつくように変換する工夫が必要となる．

このほか，購入予定者の新製品プロファイルの中からいくつかの組合せを提示して，購入したい製品を1つ選択してもらい，この選択データに対して5.2節で解説するブランド選択モデルを用いて部分効用を測定する方法も考案されている．これは選択ベースコンジョイント (CBC：choice based conjoint) と呼ばれ，インターネット上での調査に実用化されている．これらもフルプロファイル数が大きい場合は有効な方法とならず，属性数が6程度までが限度といわれている．これを超えた属性数の分析をする場合は，適応的コンジョイント (ACA：adaptive conjoint analysis) と呼ばれる，すべての属性に関して質問をせず測定する方法や，プロファイルを部分的に利用する CBC などが考案されている．

4.4.3　PLC とプロダクトマネジメント

製品には寿命があり，人間のライフステージに対応するライフサイクルがあるとされている．これはプロダクトライフサイクル (**PLC**：product life cycle) と呼ばれる．典型的には，図 4.19 に示されているように，導入期，成長期，成熟期，衰退期，終末期の5つの段階に区分して，製品がどのステージにいるかを判断しながら，各期に適切なマーケティングを行うことが求められる．

まず導入期では，新製品の広告に代表される消費者コミュニケーションと流通チャネルの構築に，多くの努力と経費が必要となる．革新的な新製品の場合，導入期の市場規模は小さく，知名度も競争も少ない．このため，革新的マインドを持ち，かつ価格に鈍感な少数のイノベーターを主なターゲットとし，高価格で市場の上澄みを吸収するスキミング戦略がとられる場合がある．ここでは高価格および少ないプロモーションにより，高利益を目指す．また模倣的な新

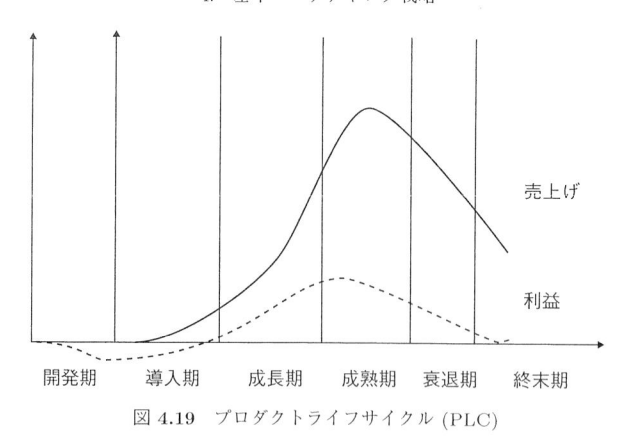

図 4.19 プロダクトライフサイクル (PLC)

製品で，すでに知名度もあり競争も激しい場合は，始めから市場浸透を目指した低価格戦略をとる場合もある．

次の成長期は，開発経費を回収する一方で利益が出始める時期である．同時に製品が市場に浸透して競争も激化する．製品の改良や別市場の開拓が主な課題となる．情報提供型の広告から説得訴求型のコミュニケーション広告への変更や，ディスカウントなどの各種プロモーションの変更が求められる．

成熟期は，売上げ動向や消費者の反応など市場に関する情報が豊富に蓄積されている段階であり，これらの情報を用いてさらにきめ細かいマーケティング戦略のチューニングが求められる．具体的には，マーケティング戦略の見直し，製品修正，市場修正が課題となる．各種の統計モデルが豊富な市場データを解析するツールとして活躍する局面である．

最後の衰退期および終末期においては，最大限の利益を得るための各種意思決定がなされる．例えば，成熟期までに展開してきた複数の市場や製品ラインを選別し，最も利益の上がるものに限定して経営資源を集中的に投入するという方法が考えられる．販促費用などのコストをかけずに，定番となった製品を販売し続ける収穫戦略も行われる．

参 考 文 献

1) 上田隆穂, 守口 剛 (2004), 価格・プロモーション戦略, 有斐閣.
2) 照井伸彦 (2008), "価格閾値の推定と価格カスタマイゼーションの可能性," 日本統計学会誌, **37**, 261–278.
3) 守口 剛 (2002), プロモーション効果分析（シリーズ〈マーケティング・エンジニアリング〉6）, 朝倉書店.
4) Ailawadi, K. and S. Neslin(1998), "The effect of promotion on consumption: Buying more and consuming it faster," *Journal of Marketing Research*, **35**, 390–398.
5) Bass, F. M. and R. P. Leone (1983), "Temporal aggregation, the data interval bias, and empirical estimation of bimonthly relations from annual data," *Management Science*, **29**, 1–11.
6) Clarke, D. G. (1976), "Econometric measurement of the duration of advertising on sales," *Journal of Marketing Research*, **13**, 345–357.
7) Colley, R. H. (1961), *Defining Advertising Goals for Measured Advertising Results*, Association of National Advertisers.
8) Guadagni, P. M. and J. D. C. Little(1983),"A logit model of brand choice calibrated on scanner data," *Marketing Science*, **2**, 203–238.
9) Gupta, S.(1988),"Impact of sales promotion on when, what, and how much to buy," *Journal of Marketing Research*, **25**, 342–355.
10) Jain, D. C. and N. Vilcassim(1991),"Investigating household purchase timing decisions: A conditional hazard function approach," *Marketing Science*, **10**, 1–23.
11) Krishnamurthi, L. and S. P. Raj(1988),"A model of brand choice and purchase quantity price sensitivities," *Marketing Science*, **7**, 1–20.
12) Kahmenan, D. and A. Tversky (1979), "Prospect theory: An analysis of decision under risk," *Econometrica*, **47**, 263–291.
13) Luce, R.D. and J.W. Tukey(1964), "Simultaneous conjoint measurement:A new type of fundamental measurement," *Journal of Mathematical Psychology*, **1**, 1–27.
14) Naert, P. and A.Bultez(1973), "Logically consistent market share model",

Journal of Marketing Research, **10**, 334–340.

15) Nakanishi, M. and L.G.Cooper(1974), "Parameter estimation for a multiplicative competitive interaction model—least squares approach", *Journal of Marketing Research*, **11**, 303–311.

16) Nakanishi, M. and L.G.Cooper(1982), "Simplified estimation procedures for MCI models", *Marketing Science*, **1**, 314–322.

17) Palda, K. S. (1964), *The Measurement of Cumulative Advertising Effects*, Prentice-Hall.

18) Tellis, G.L.(1986) "Beyond the money faces of price: An integration of pricing strategies," *Journal of Marketing*, **50**, 146–150.

19) Terui, N.(2004), "Measuring delayed and long-run effects of pricing decisions to market shares: A Bayesian attraction model approach," *Marketing Intelligence and Planning*, **22**, 264–283.

20) Terui, N. and W. D. Dahana(2006a), "Estimating heterogeneous price thresholds," *Marketing Science*, **25**, 384–391.

21) Terui, N. and W. D. Dahana(2006b), "Price customization using price thresholds estimated from scanner panel data," *Journal of Interactive Marketing*, **20**, 58–70.

22) van Heerde, H. J., S. H. Peter and D. R. Wittink(2003),"Is 75% of the sales promotion bump due to brand switching? No, only 33% is," *Journal of Marketing Research*, **40**, 481–491.

5 消費者行動のモデル

5.1 消費者の効用関数

　消費者の行動は，購買を行ったか (1)，あるいは購買を行わなかったか (0)，のいずれかの 2 値データで記録されたり，複数のブランドに関する選択肢 ($j = 1, \cdots, J$) の中から特定のブランド k を選択するなど，離散的な変数で扱われることが多い．

　この消費者行動を表現する離散変数を目的変数とし，価格や広告などの各種マーケティング変数を説明変数とする分析モデルは，ブランド選択モデルと呼ばれる．計量経済学では，就業を決定する関係を記述する計量経済モデルとして発展し，離散選択モデルと呼ばれている．

5.1.1 マーケティング戦略と消費者の効用

　いま U_{it} を，消費者 h のブランド i に対する t 期の効用とし，次で表されるものと仮定する．

$$U_{it} = V_{it} + e_{it} \tag{5.1}$$

ここで，V_{it} はマーケティング活動により規定される効用の確定的部分であり，例えば価格 p_{it} の線形関係で規定されるとした場合，次のように表される．

$$V_{it} = \alpha + p_{it}\beta \tag{5.2}$$

　e_{it} は不確定要因であり，規定したマーケティング変数以外の影響としての誤差や，消費者のその時々の心理的揺れを表しているものと規定する．

β は,企業の価格戦略の変化に対する消費者の市場反応を表すパラメータとなっている.この値を知ることによって,価格戦略の効果を測定することができる.他方,もう1つのパラメータ α は,確定的効用のうち価格の変化とは独立な部分を意味する.価格は短期的なマーケティング変数であり,したがってその反応度を考慮した $p_{it}\beta$ の部分を短期的な効果部分とすれば,切片 α は長期的・安定的な部分と理解できる.

5.1.2 直接効用と間接効用

経済学で定義される効用関数は,2財購入する場合,それぞれの購入数量と価格を x_i, p_i $(i=1,2)$ とし,そのときの効用関数 $u(x)^*$ を,限界効用逓減の法則を表現する

$$u(x)^* = (x_1 + \gamma_1)^{\beta_1}(x_2 + \gamma_2)^{\beta_2} \tag{5.3}$$

で定義する.いま予算制約 E のもとで効用を最大にするように財の組合せを決定する.つまり $u(x) = \ln(u(x)^*)$ として

$$\begin{aligned}\max u(x) &= \beta_1 \ln(x_1 + \gamma_1) + \beta_2 \ln(x_2 + \gamma_2) \\ \text{subject to } & p_1 x_1 + p_2 x_2 \leq E\end{aligned} \tag{5.4}$$

であり,効用を最大化する各財の数量を x_i^* としたとき,次の条件

$$\frac{\partial u(x)}{\partial x_i} = \frac{\beta_i}{(x_i + \gamma_i)} - \lambda p_i = 0, \ i = 1, 2 \tag{5.5}$$

を満たす必要がある.したがって

$$\beta_i = \lambda p_i (x_i + \gamma_i), \ i = 1, 2 \tag{5.6}$$

が得られ,これと効用関数の一次同次性条件 $\beta_1 + \beta_2 = 1$ から

$$\lambda = \frac{1}{p_1 \gamma_1 + p_2 \gamma_2 + E} \tag{5.7}$$

となり,これを必要条件へ代入すると

$$x_i^* = -\gamma_i + \frac{\beta_i}{p_i}(p_1 \gamma_1 + p_2 \gamma_2 + E), \ i = 1, 2 \tag{5.8}$$

が得られ,効用を最大化する購入量が決定する.したがって数量の組合せに関して予算制約のもとで最大化された効用関数(の対数)は

$$u(x^*) = \sum_{i=1}^{2} \beta_i(\ln(\beta_i) - \ln(p_i) + \ln(p_1\lambda_1 + p_2\lambda_2 + E)) \tag{5.9}$$

と表される．これは間接効用，式 (5.3) は直接効用と呼ばれる．マーケティングのブランド選択モデルで用いられる効用については，ほとんどの場合，この最適化された後の間接効用から分析を行っている．価格の対数が用いられる根拠もこの関係から見出すことができる．

5.1.3 効用最大化原理とブランド選択確率

いま，2 つのブランド A および B の選択に際して，消費者は両者のうち効用の大きいものを選択する効用最大化原理に従って行動するものとする．このとき，消費者 h が t 期にブランド A を選択するのは，

$$U_{At} > U_{Bt} \tag{5.10}$$

のときであると理解する．説明のために，式 (5.2) の効用関数を切片のない $V_{At} = p_{At}\beta$ のように簡単化する．このとき式 (5.10) は

$$p_{At}\beta + e_{At} > p_{Bt}\beta + e_{Bt} \tag{5.11}$$

と書かれる．この大小関係は，確率的部分 e_{it} のために確率的に決定される．したがって，ブランド A が選択される確率は

$$\Pr\{p_{At}\beta + e_{At} > p_{Bt}\beta + e_{Bt}\} = \Pr\{e_{At} - e_{Bt} > -(p_{At} - p_{Bt})\beta\} \tag{5.12}$$

と表される．ここで，$e_{At} - e_{Bt} = \varepsilon_t$ とおき，ε_t の分布関数を $F_\varepsilon(s) = \int_{-\infty}^{s} f(\varepsilon)d\varepsilon$ としたとき，式 (5.12) は次のように書かれる．

$$\Pr\{\varepsilon_t > -(p_{At} - p_{Bt})\beta\} = 1 - F_\varepsilon(-(p_{At} - p_{Bt})\beta) \tag{5.13}$$

この誤差項 ε_t の確率分布に，後述する極値分布を仮定した場合はロジットモデル(logit model)，また正規分布を仮定した分析モデルはプロビットモデル(probit model) とそれぞれ呼ばれる．いずれの場合も平均値ゼロに関して左右対称の分布であり，それらに対しては $1 - F_\varepsilon(-s) = F_\varepsilon(s)$ の関係が容易に

確認できるので，ブランド A が選ばれる確率（式 (5.13)）は分布関数を用いて

$$\Pr\{y_t = A\} = \Pr\{U_{At} > U_{Bt}\} = F_\varepsilon\left((p_{At} - p_{Bt})\beta\right) \tag{5.14}$$

と表される．また同時にブランド B の選択確率は以下のように表される．

$$\Pr\{y_t = B\} = \Pr\{U_{At} \leq U_{Bt}\} = 1 - F_\varepsilon\left((p_{At} - p_{Bt})\beta\right) \tag{5.15}$$

いま，消費者 h の 5 回の購買行動の記録 $\{y_t\}$ があり，そのブランド選択データが $\{y_t, t=1,\cdots,5\} = \{A, B, B, A, B\}$ であり，それぞれの価格が $\{(p_{At}, p_{Bt}), t=1,\cdots,5\}$ であったとしよう．このとき，A，B に対するブランド選択確率は式 (5.14) および (5.15) でそれぞれ与えられ，購買行動は各期独立に行われると仮定すると，同時確率はこれら各項の積で表されることから，

$$\begin{aligned}
&\Pr\{A, B, B, A, B\} \\
&= \left[\prod_{t \in C_A} F_\varepsilon\left((p_{At} - p_{Bt})\beta\right)\right]\left[\prod_{t \in C_B}\left(1 - F_\varepsilon\left((p_{At} - p_{Bt})\beta\right)\right)\right] \\
&= \left[F_\varepsilon\left((p_{At} - p_{Bt})\beta\right)\right]^2\left[1 - F_\varepsilon\left((p_{At} - p_{Bt})\beta\right)\right]^3
\end{aligned} \tag{5.16}$$

となる．ここで，C_A および C_B は，それぞれブランド A および B を選択した購買機会の集合を意味する．この同時確率をパラメータ β の関数とみたものが尤度関数 $p(\beta|\{A, B, B, A, B\})$ であり，最尤法では，尤度関数を最大にするようにパラメータ β を決める．

$$\max_\beta p(\beta|\{A, B, B, A, B\}) = \left[F_\varepsilon\left((p_{At} - p_{Bt})\beta\right)\right]^2\left[1 - F_\varepsilon\left((p_{At} - p_{Bt})\beta\right)\right]^3 \tag{5.17}$$

5.2　ブランド選択モデル

5.2.1　ロジットモデル

極値分布を誤差に持つロジットモデルの誤差項の分布関数は

$$F_\varepsilon(s) = \int_{-\infty}^{s} f(\varepsilon) d\varepsilon = \frac{1}{1 + \exp(s)} \tag{5.18}$$

で与えられる．この分布は平均ゼロ，分散 $\pi^2/3$ の左右対称な分布である．

5.2 ブランド選択モデル

選択肢が2つの二項ロジットモデルにより評価されるA, Bそれぞれのブランド選択確率は

$$\Pr\{y_t = \mathrm{A}\} = \frac{1}{1 + \exp\{(p_{\mathrm{A}t} - p_{\mathrm{B}t})\beta\}}$$
$$\Pr\{y_t = \mathrm{B}\} = \frac{\exp\{(p_{\mathrm{A}t} - p_{\mathrm{B}t})\beta\}}{1 + \exp\{(p_{\mathrm{A}t} - p_{\mathrm{B}t})\beta\}} \tag{5.19}$$

であり,尤度関数はこれを式 (5.16) に適用して次のように書かれる.

$$\begin{aligned} p\left(\beta|\{\mathrm{A,B,B,A,B}\}\right) &= \left[\frac{1}{1 + \exp\{(p_{\mathrm{A}t} - p_{\mathrm{B}t})\beta\}}\right]^2 \left[\frac{\exp\{(p_{\mathrm{A}t} - p_{\mathrm{B}t})\beta\}}{1 + \exp\{(p_{\mathrm{A}t} - p_{\mathrm{B}t})\beta\}}\right]^3 \\ &= \frac{\prod_{t \in C_B} \exp\{(p_{\mathrm{A}t} - p_{\mathrm{B}t})\beta\}}{\prod_{t=1}^{5}[1 + \exp\{(p_{\mathrm{A}t} - p_{\mathrm{B}t})\beta\}]} \end{aligned} \tag{5.20}$$

R による分析例:ロジットモデルの最尤推定

図 5.1 では,R の glm コマンドを用いてロジットモデルを推定するコードと出力結果を示している.そこではコードの先頭2行にある仮想的データを利用している.推定値および関連する統計量に加えて,最尤推定値に伴う繰返し計算回数が4回であったことも出力されている.

一般に選択対象となるブランド数が $m+1$ の多項ロジットモデルの場合に,上記の議論を拡張する.各ブランドに対する効用は

$$U_{it} = V_{it} + e_{it}, \quad i = 1, \cdots, m+1 \tag{5.21}$$

であり,この場合,消費者 h が t 期にブランド j を選択する $(y_t = j)$ 出来事は,2ブランドの場合の $U_{\mathrm{A}t} > U_{\mathrm{B}t}$ を拡張して,U_{jt} が最大であることを意味する.

$$U_{jt} = \max\{U_{1t}, \cdots, U_{m+1t}\} \tag{5.22}$$

この場合のブランド選択確率は,以下のように表される.

```
#ロジット・モデル
Y <- c(0,0,1,1,1,0,1,0,0,1,1)
X <- c(3,7,5,2,6,3,6,2,0,4,9)
result <- glm(Y~X, family=binomial(link="logit"))
summary(result)
-----------------------------------------------------------------
Deviance Residuals:
     Min      1Q   Median      3Q     Max
  -1.8527 -0.9490  0.4075  0.8563  1.5317
Coefficients:
            Estimate Std. Error z value Pr(>|z|)
(Intercept)  -1.7311    1.4825  -1.168   0.243
X             0.4642    0.3304   1.405   0.160
(Dispersion parameter for binomial family taken to be 1)
    Null deviance: 15.158  on 10  degrees of freedom
Residual deviance: 12.507  on  9  degrees of freedom
AIC: 16.507
Number of Fisher Scoring iterations: 4
-----------------------------------------------------------------
```

図 5.1　R の実行例：ロジットモデル

$$\Pr\{y_t = j\} = \frac{\exp\{p_{jt}\beta\}}{\exp\{p_{1t}\beta\} + \cdots + \exp\{p_{m+1\,t}\beta\}}$$
$$= \frac{\exp\{(p_{jt} - p_{m+1\,t})\beta\}}{\exp\{(p_{1t} - p_{m+1\,t})\beta\} + \cdots + \exp\{(p_{mt} - p_{m+1\,t})\beta\} + 1} \quad (5.23)$$

a. ロジットモデルの特性

ロジットモデルは，無関係な代替案からの独立(I.I.A.：independence from irrelevant alternatives) という好ましくない性質を持つ．これは，2つの選択肢のそれぞれが選ばれる可能性が，式 (5.19) から

$$\begin{cases} \Pr\{y_t = \mathrm{A}\} = \dfrac{\exp\{p_{\mathrm{A}t}\beta\}}{\exp\{p_{\mathrm{A}t}\beta\} + \exp\{p_{\mathrm{B}t}\beta\}} \\ \Pr\{y_t = \mathrm{B}\} = \dfrac{\exp\{p_{\mathrm{B}t}\beta\}}{\exp\{p_{\mathrm{A}t}\beta\} + \exp\{p_{\mathrm{B}t}\beta\}} \end{cases} \quad (5.24)$$

とも書けることに注意すると，ブランド A とブランド B が選択される確率の比で定義されるオッズ比(odds ratio)[*1] は次のように書かれる．

$$\frac{\Pr\{y_t = \mathrm{A}\}}{\Pr\{y_t = \mathrm{B}\}} = \frac{\exp\{p_{\mathrm{A}t}\beta\}}{\exp\{p_{\mathrm{B}t}\beta\}} \quad (5.25)$$

[*1] オッズおよびオッズ比については，p.180 を参照．

5.2 ブランド選択モデル

いま A,B に加えて選択肢に C が含まれる場合，式 (5.24) の分母にブランド C の $\exp\{p_{Ct}\beta\}$ が付け加わって，ブランド A および B が選択される確率は

$$\begin{cases} \Pr\{y_t = \mathrm{A}\} = \dfrac{\exp\{p_{At}\beta\}}{\exp\{p_{At}\beta\} + \exp\{p_{Bt}\beta\} + \exp\{p_{Ct}\beta\}} \\ \Pr\{y_t = \mathrm{B}\} = \dfrac{\exp\{p_{Bt}\beta\}}{\exp\{p_{At}\beta\} + \exp\{p_{Bt}\beta\} + \exp\{p_{Ct}\beta\}} \end{cases} \quad (5.26)$$

へと変化する．これに対して，これらの比 $\Pr\{y_t = \mathrm{A}\}/\Pr\{y_t = \mathrm{B}\}$ は，C が加わる前と同じで，C に関わらず同じ式 (5.25) の右辺となる．

このように，選択肢の数が変化した場合でも，該当する 2 つの選択肢が選択される可能性の比は，選択肢の数に関わらず一定である．この性質は，選択行動においては一般に不自然な状況を表現しており，ロジットモデルに対する批判として取り上げられてきた．

しかし，これらの批判を超えて盛んに応用されてきたのは，選択確率がパラメータの陽関数として明示的に表現でき，最尤推定が容易に行えるという統計的推測の操作性からの要請が強い．

これに対して，上述のようにプロビットモデルの場合には，I.I.A. のような望ましくない性質はない．むしろ，e_{it} を誤差項として扱うためには，正規分布を仮定するのがより自然である．しかし，このモデルのブランド選択確率はパラメータに関する積分表示のままであり，パラメータ推定の際には便利な表現となっていない．

5.2.2 プロビットモデル

誤差項に標準正規分布を仮定したプロビットモデルの場合，t 期にブランド A および B を選択する確率は，それぞれ

$$\Pr\{y_t = \mathrm{A}\} = F_\varepsilon\left((p_{At} - p_{Bt})\beta\right) = \int_{-\infty}^{(p_{At}-p_{Bt})\beta} f(\varepsilon)d\varepsilon \quad (5.27)$$

$$\Pr\{y_t = \mathrm{B}\} = 1 - F_\varepsilon\left((p_{At} - p_{Bt})\beta\right) = \int_{-(p_{At}-p_{Bt})\beta}^{\infty} f(\varepsilon)d\varepsilon \quad (5.28)$$

である．ロジットモデルと異なり，プロビットモデルでは，最大化する β を陽関数で表せず，パラメータ β の最尤推定値は尤度関数

$$p(\beta|\{A,B,B,A,B\})$$
$$= \left[\int_{-\infty}^{(p_{At}-p_{Bt})\beta} f(\varepsilon)d\varepsilon\right]^2 \left[\int_{-(p_{At}-p_{Bt})\beta}^{\infty} f(\varepsilon)d\varepsilon\right]^3 \quad (5.29)$$

を数値的最適化し,数値積分を含む形で計算する.

一般に選択対象となるブランド数が $m+1$ の場合の多項プロビットモデルの場合,ブランド j が t 期に選択される確率は,$U_{1t},\cdots,U_{m+1t}$ の同時確率分布である $m+1$ 変量正規分布の密度関数 $f(U_{1t},\cdots,U_{m+1t})$ を用いて

$$\Pr\{y_t = j\}$$
$$= \int_{U_{jt}=\max\{U_{1t},\cdots,U_{m+1t}\}} f(U_{1t},\cdots,U_{m+1t})\,dU_{1t}dU_{2t}\cdots dU_{m+1t} \quad (5.30)$$

と表現される.

R による分析例:プロビットモデルの最尤推定

図 5.2 は,図 5.1 と同じデータを用いてプロビットモデルを最尤推定した結果を与えてある.

```
#プロビット・モデル
result <- glm(Y~X, family=binomial(link="probit"))
summary(result)
--------------------------------------------------------
Deviance Residuals:
    Min       1Q   Median       3Q      Max
 -1.8334  -0.9478   0.3922   0.8752   1.5299
Coefficients:
              Estimate Std. Error z value Pr(>|z|)
(Intercept)    -1.0498     0.8585  -1.223    0.221
X               0.2774     0.1854   1.496    0.135
(Dispersion parameter for binomial family taken to be 1)
    Null deviance: 15.158  on 10  degrees of freedom
Residual deviance: 12.520  on  9  degrees of freedom
AIC: 16.52
Number of Fisher Scoring iterations: 4
--------------------------------------------------------
```

図 5.2 R の実行例:プロビットモデル

5.2.3 ブランド価値を含むモデル

マーケティングでは，短期的なマーケティング戦略とは独立な部分をベースライン(baseline) あるいはブランド価値(brand value, brand equity) と呼び，この部分をブランドの長期的特性を表す重要な価値として理解し，これ自体の測定や管理が求められる．この長期的特性はブランドごとに異なることが前提であり，式 (5.2) の定式化を拡張してブランドごとに固有な切片 α_i を持つ

$$V_{it} = \alpha_i + p_{it}\beta \tag{5.31}$$

と定式化される．

式 (5.31) で定義された，ブランド価値を表すブランド固有の切片を含む効用関数の扱いについては，$\mathbf{x}'_{\mathrm{A}t} = (1, 0, p_{\mathrm{A}t})$, $\mathbf{x}'_{\mathrm{B}t} = (0, 1, p_{\mathrm{B}t})$ および $\beta = (\alpha_\mathrm{A}, \alpha_\mathrm{B}, \beta)'$ として

$$V_{it} = \alpha_i + p_{it}\beta = \mathbf{x}'_{it}\beta, \quad i = \mathrm{A}, \mathrm{B} \tag{5.32}$$

とおけばよい．

いま，ブランド固有の切片を持つモデル

$$\begin{cases} U_{\mathrm{A}t} = \alpha_\mathrm{A} + p_{\mathrm{A}t}\beta + e_{\mathrm{A}t} \\ U_{\mathrm{B}t} = \alpha_\mathrm{B} + p_{\mathrm{B}t}\beta + e_{\mathrm{B}t} \end{cases} \tag{5.33}$$

の場合，2つの効用の差で定義される相対効用は次のように書かれる．

$$\begin{aligned} u_t &= U_{\mathrm{A}t} - U_{\mathrm{B}t} = (\alpha_\mathrm{A} - \alpha_\mathrm{B}) + (p_{\mathrm{A}t} - p_{\mathrm{B}t})\beta + (e_{\mathrm{A}t} - e_{\mathrm{B}t}) \\ &\equiv \mathbf{x}'_t\beta + \varepsilon_t \end{aligned} \tag{5.34}$$

ここで，$\mathbf{x}_t = (1, (p_{\mathrm{A}t} - p_{\mathrm{B}t}))'$, $\beta = (\alpha, \beta)'$, $\alpha = \alpha_{\mathrm{A}h} - \alpha_{\mathrm{B}h}$ である．このときブランド A の選択確率は，相対効用を用いて $\Pr\{y_t = \mathrm{A}\} = \Pr\{U_{\mathrm{A}t} > U_{\mathrm{B}t}\} = \Pr\{u_t > 0\}$ と表せる．ここで α については，各ブランド固有の切片の差のみが推定される．通常は，ブランド B の切片をゼロ ($\alpha_\mathrm{B} = 0$) として，これからの差としてブランド A の切片 α_A を評価する．

5.2.4 多項ブランド選択モデルの識別性条件

選択肢の数が m 個ある多項ブランド選択モデルの場合，ブランド選択確率の表現から，すべてのブランドの効用 $j=1,\cdots,m+1$ に共通の定数 c を加えて $U'_{jt} = U_{jt} + c$ とした場合でも，また正の定数 d を乗じた $U''_{jt} = dU_{jt}$ の場合でも同じ結果を示すことがわかる．つまり，

$$\begin{aligned}
&\Pr\{U_{jt} > U_{kt} \quad (\text{すべての } k \text{ に対して})\} \\
&= \Pr\{U_{jt} + c(=U'_{jt}) > U_{kt} + c(=U'_{kt}) \quad (\text{すべての } k \text{ に対して})\} \\
&= \Pr\{dU_{jt}(=U''_{jt}) > dU_{kt}(=U''_{kt}) \quad (\text{すべての } k \text{ に対して})\}
\end{aligned} \tag{5.35}$$

したがって，c を各ブランドの効用水準を共通に変化させる位置パラメータ，d を各ブランドの効用スケールを共通に変化させる尺度パラメータと見た場合，これらはブランド選択モデルからは識別できないことがわかる．前者を，共通な位置パラメータに関して識別性のないモデル，後者を，共通な尺度パラメータに関して識別性のないモデルであるという．

この問題に対して，まず前者については二項ブランド選択モデルと同様に，$m+1$ 番目のブランドを基準ブランドとして他のブランド $i=1,\cdots,m$ に対して差をとり，基準ブランドからの相対効用

$$\begin{aligned}
u_{it} &= U_{it} - U_{m+1t} \\
&= (\alpha_i - \alpha_{m+1}) + (p_{it} - p_{m+1t})\beta + (e_{it} - e_{m+1t}) \\
&\equiv \mathbf{x}'_{it}\beta + \varepsilon_{it}, \quad i=1,\cdots,m
\end{aligned} \tag{5.36}$$

を定義して位置パラメータに関する識別性を確保する．

ここで，ブランド j が選択され $(y_t = j)$，j が基準ブランド $m+1$ 以外である場合には，u_{jt} は m 個のブランドの効用の中で最大で，正の値をとる．選択されたブランドが基準ブランドの場合には，m 個の相対効用はすべて負の値をとる．つまり

$$u_{jt} = \begin{cases} \max(u_{1t}, u_{2t}, \cdots, u_{mt}) > 0, & j \neq m+1 \\ < 0, & j = m+1 \end{cases} \tag{5.37}$$

5.2 ブランド選択モデル

の制約を満たさなければならない.

式 (5.37) を満たす $(u_{1t}, u_{2t}, \cdots, u_{mt})$ に関する m 次元の空間を R_t^m としたとき，ブランド選択データ $\mathbf{y} = \{y_t(t=1,\cdots,n)\}$ に対する選択確率は

$$\prod_{t=1}^{n} \iiint_{R_t^m} f(u_{1t}, u_{2t}, \cdots, u_{mt}) du_{1t} du_{2t}, \cdots, du_{mt} \tag{5.38}$$

で表される.

二項プロビットモデルの場合と同様に，この制約を満たす効用の潜在変数を $\mathbf{u}^a = \{u_{jt}^a\}$ とし，式 (5.38) の構造をまとめて行列表記すると，

$$\begin{pmatrix} u_{1t}^a \\ u_{2t}^a \\ \vdots \\ u_{mt}^a \end{pmatrix} = \begin{pmatrix} \mathbf{x}_{1t}' \\ \mathbf{x}_{2t}' \\ \vdots \\ \mathbf{x}_{mt}' \end{pmatrix} \beta + \begin{pmatrix} \varepsilon_{1t} \\ \varepsilon_{2t} \\ \vdots \\ \varepsilon_{mt} \end{pmatrix} \tag{5.39}$$

$$\mathbf{u}_t^a = \mathbf{X}_t \beta + \varepsilon_t \tag{5.40}$$

のようになる．誤差項 ϵ_t は，u_t が式 (5.37) の制約を満たす領域 R_t^m 上で定義される m 次元切断正規分布，つまり，

$$\varepsilon_t \sim TN_{m_{(R_t^m)}}(0, \Sigma) \tag{5.41}$$

であり，ε_t は t に関しては無相関であるとする．ここで，前述の共通な尺度パラメータに関する識別性のために，Σ の (1,1) 要素，つまり ε_{1t} の分散を 1 としておくのが通例である．

例えば，$m=4$ の場合でブランド価値表現を持つモデルは，次のように表される．

$$\begin{pmatrix} u_{1t}^a \\ u_{2t}^a \\ u_{3t}^a \end{pmatrix} = \begin{pmatrix} 1 & 0 & 0 & p_{1t} - p_{4t} \\ 0 & 1 & 0 & p_{2t} - p_{4t} \\ 0 & 0 & 1 & p_{3t} - p_{4t} \end{pmatrix} \beta + \begin{pmatrix} \varepsilon_{1t} \\ \varepsilon_{2t} \\ \varepsilon_{3t} \end{pmatrix};$$

$$\varepsilon_t \sim TN_{3[R_t^3]}(0, \Sigma); \Sigma = \begin{pmatrix} 1 & \sigma_{12} & \sigma_{13} \\ \sigma_{21} & \sigma_{22} & \sigma_{23} \\ \sigma_{31} & \sigma_{32} & \sigma_{33} \end{pmatrix} \tag{5.42}$$

5.3　異質な消費者の行動モデル

5.3.1　異質な消費者とベイズモデリング

マーケティングの諸問題をモデル化する上で特に関連の深いものとして，経済学，およびその実証ツールとしての計量経済学がある．両者の大きな相違点は，経済学では代表的消費者像の仮定のもとで理論が組み立てられるのに対し，マーケティングではさらに現実に近づけて「消費者は同質でなく異質である」という認識を持つことである．さらにその違いを把握して効率性を求めるのがマーケティングの本質である．したがって必然的に市場を細かく見て消費者を細分化し，各セグメントの理解を通してそれぞれに適当な戦略を提案していく．以前は広告など，すべての消費者に一様にアプローチする考え方のマスマーケティングが行われ次に消費者の異質性を反映した，いくつかのセグメントを仮定するというマーケティングの考え方が長い間主流を占めてきた．近年では情報化に伴って消費者個人の購買履歴や属性データが入手可能になってきた．現在は，この異質性を究極まで高めて1人1人の消費者の嗜好や市場反応を捉えて効率よくマーケティング戦略を考える，ターゲットマーケティングあるいはOne to Oneマーケティングの考え方が求められている．

消費者異質性を持つモデルは，消費者ごとに異なる市場反応パラメータ β_h を持つ効用関数で表される．

$$U_{jht} = p_{jht}\beta_h + e_{jht}, \quad j = 1, \cdots, m+1 \tag{5.43}$$

個人の情報が入手可能となってきたとはいえ，消費者ごとの測定が可能なほどに十分な情報量は期待できない．個人別の情報量は安定的な統計的推測を保証するほど多くはないのである．そこで，各消費者は異質ではあるが共通する部分もあるという論理のもとで，データの持つ情報を「異質性」と「共通性」とにバランスよく分配し，異質性を推定する際に不足する情報を，消費者全体をプールした情報（共通性）で補うという，階層ベイズモデルがマーケティングでは大変注目され一定の成果を収めている．

以下では，市場反応を消費者ごとに個別に測定する枠組みを見ていく．この

ためにまずベイズ統計の理解から始める.

5.3.2 ベイズの定理と推測の基礎

ベイズ統計は，イギリスの牧師トーマス・ベイズ (Thomas Bayes, 1702–61) に由来するもので，次節で定義する条件付き確率から導かれる命題（ベイズの定理）に基づいて推論を行う統計的アプローチである.

いま，標本空間上で定義される2つの事象 A および B があり，これらに関する条件付き確率を考える．2つの事象は相互に独立ではなく，A,B が同時に起こる同時確率 $\Pr\{A,B\}$ が定義されるものとする．このとき，事象 B が起きたときに A が起こる条件付き確率 $\Pr\{A|B\}$，その逆の条件付き確率 $\Pr\{B|A\}$ および周辺確率 $\Pr\{A\}, \Pr\{B\}$ を用いて，同時確率は

$$\begin{aligned}\Pr\{A,B\} &= \Pr\{A|B\}\Pr\{B\} \\ &= \Pr\{B|A\}\Pr\{A\}\end{aligned} \tag{5.44}$$

と書かれる．このとき，周辺確率 $\Pr\{B\}$ がゼロではないことを前提として，条件付き確率（式 (5.44)）から

$$\Pr\{A|B\} = \frac{\Pr\{A\}\Pr\{B|A\}}{\Pr\{B\}} \tag{5.45}$$

の関係が導かれる．この関係がベイズの定理(Bayes theorem)といわれる．右辺の条件付き事象が A であるのに対して，左辺に現れる条件付き事象が B と逆転していることに注意しよう．この関係は条件付き確率の性質のみを利用しており，純粋に数学的命題である．しかし，確率に解釈を与えると，以下で展開するベイズ統計において深い意味を持つ．

式 (5.45) の関係の意味を考えるために，例えば2つの事象 A,B の間に，ある因果関係があり，"A が原因で B が結果である" という仮説をわれわれが持っていることを想定しよう．$\Pr\{A\}$ は，原因として規定する仮説に対する確信の度合い(degree of belief) としての確率と解釈する．このとき，まず式 (5.45) の左辺は，結果 B が与えられたときに原因 A となっている可能性（確率），つまり仮説の妥当性を確率として与えるものである．他方，右辺では，結果を観測しない事前の確信の度合い $\Pr\{A\}$ が結果を観測したことでどのように変化す

るかを表している.

このように，確信の度合いとしての確率解釈のもとで式 (5.45) の関係を見た場合に，このベイズの定理に基づいて様々な推論を行う立場の統計的アプローチはベイズ統計(Bayesian statistics) と呼ばれる.

このように，データを観測する以前の未知パラメータに関する情報は事前分布の形に集約し，データ観測後はベイズの定理によって事前分布を更新して事後分布を得るのがベイズ推測の構造である．つまりベイズ推論の仕組みは，情報の事前–事後変換であり，「事後情報＝事前情報＋データ情報」という形で一般論として整理できる．これは，対象や問題に対する分析者の知識を事前情報として表現し，それに観測データの情報を加え，両者を融合することにより情報を更新して新しい知見とする構造であり，ベイズ統計の最大の特徴を表している．特に正規分布に対する事前–事後変換は，操作とともに解釈が容易であることから豊富なモデルを提供している．

いま，式 (5.45) を 2 つの確率変数 x および y に関する関係として一般化しよう．A を x に関する事象，B を y に関する事象とすると，x,y に関する周辺確率，条件付き確率はそれぞれ $\Pr\{A\} = \int_{x \in A} f(x)dx$, $\Pr\{B\} = \int_{y \in B} f(y)dy$, $\Pr\{B|A\} = \int_{y \in B} f(y|x)dy$ と書かれ，これらの確率密度関数を用いると式 (5.45) は次のように表現できる．

$$f(x|y) = \frac{f(x)\,f(y|x)}{f(y)} \tag{5.46}$$

統計学の基本的な枠組みでは，観測データ $\mathbf{y} = \{y_1, \cdots, y_n\}$ が与えられたときに，このデータを発生させた仕組みの候補集合 $S = \{p(\mathbf{y}, \theta)\}$ を仮定する．ここで，$p(\mathbf{y}, \theta)$ は観測データの確率分布であり，未知のパラメータ θ で規定される S は θ によって決まる確率分布の集合を意味し，これを統計モデル(statistical model) という．いま，仮定する統計モデル $f(\mathbf{y}, \theta)$ のパラメータ θ に何らかの情報が事前に確率分布 $p(\theta)$ として与えられているとき，それを事前分布(prior distribution) と呼ぶ．これを観測値 $\mathbf{y} = \{y_1, \cdots, y_n\}$ から計算される尤度(likelihood)$p(\mathbf{y}|\theta)$ とベイズの定理で結び付けて事後分布(posterior distribution)

5.3 異質な消費者の行動モデル

$$p(\theta|\mathbf{y}) = \frac{p(\theta)\,p(\mathbf{y}|\theta)}{p(\mathbf{y})} \tag{5.47}$$

を導出し,事後分布に基づいて統計的推測を行う様式がベイズ統計である.

$p(\theta|\mathbf{y})$ は,観測値 $\mathbf{y}$ が与えられたときのパラメータ θ に関する事前情報とデータ情報を,それぞれ事前分布 $p(\theta)$ および尤度関数 $p(\mathbf{y}|\theta)$ の形ですべて組み込んでいる.この分布の形が解析的に評価できるのは稀であり,事後分布は

$$p(\theta|\mathbf{y}) \propto p(\theta)\,p(\mathbf{y}|\theta) \tag{5.48}$$

として使われることが多い.

ベイズ統計では,あらゆる推測が事後分布によってなされる.事後分布のモードやモーメント,決定理論のリスク関数評価をはじめとするパラメータに関するほとんどの統計的推測は,パラメータの関数 $g(\theta)$ を用いて事後分布に関する期待値によって表すことができる.

$$E[g(\theta)|\mathbf{y}] = \frac{\int g(\theta)\,p(\mathbf{y}|\theta)\,p(\theta)d\theta}{p(\mathbf{y})} \tag{5.49}$$

例外的なケースを除いて,$E[g(\theta)|\mathbf{y}]$ や $p(\mathbf{y})$ など,$p(\theta|\mathbf{y})$ を含む積分計算のほとんどは解析的に求めることはできない.これに対して,いくつかの評価法が展開されてきた.事後分布導出に際して必然的に生じる重積分の評価に関し,1990 年代以前は解析的に解けるような枠組みにほぼ限定された使い方をされていたが,それ以降はシミュレーションベースのモンテカルロ積分の適用が急速に進み,応用範囲が拡大してきている.

標本理論に基づく統計学と比較すると,標本理論では漸近理論が中心的役割を果たし,主にモデルのパラメータ推定が中心であるのに対して,ベイズ統計は漸近理論によらない.さらに,統計モデルの目的の 1 つである予測において,前者では推定と予測に論理的な溝があるのに対して(予測分布は限られた状況のみで議論する),ベイズ統計では標本を与件として,パラメータおよび予測値や欠損値に関してこれらを論理的に区別しないのも特徴の 1 つである.

ベイズ統計の推測理論に関しては,DeGroot(1970) や Box and Tiao(1983) などがこれまでの代表的テキストであった.前者は,事後分布が事前分布と同じ分布族に還元されて,事後分布の評価が容易となる共役事前分布を包括的に

展開する枠組みのテキストである.後者は,非情報的 (non-informative) な事前分布を一貫して様々な統計モデルへ適用してみせる立場の推論を展開した.後述するように,現在は MCMC の発展と普及により事後分布の評価は共役事前分布の制約から解き放たれ,さらに非情報的事前分布の追及よりも,むしろ分析対象に対する知識を積極的に事前情報として構造化しながらモデルへ組み入れる階層ベイズモデルが,様々な分野でその性能を発揮している.

5.3.3 事後分布の評価:モンテカルロ法

いま,確率変数 θ の事後確率密度関数を $p(\theta|\mathbf{y})$ とし,積分

$$r = E[g(\theta)] = \int g(\theta)p(\theta|\mathbf{y})d\theta \tag{5.50}$$

を求める際に,$p(\theta|\mathbf{y})$ からの N 個の無作為標本 $\{\theta^{(1)}, \theta^{(2)}, \cdots, \theta^{(N)}\}$ を用いて,

$$\hat{r} = \frac{1}{N} \sum_{j=1}^{N} g(\theta^{(j)}) \tag{5.51}$$

により式 (5.50) を推定する方法がモンテカルロ積分(Monte Carlo integration)である.このとき,式 (5.51) の推定法は,大数の法則(law of large numbers)により,

$$\hat{r} = \frac{1}{N} \sum_{j=1}^{N} g(\theta^{(j)}) \to^{a.s.} r = E[g(\theta)] \tag{5.52}$$

が成り立つことで正当化される.

この方法の基礎になる分布からの標本の抽出法としては,受容/棄却法やインポータンスサンプリングなど,直接的・間接的にサンプリングを行う手法がある.しかし,これらの手法はパラメータの次元が大きいときには非効率的な方法となる.それに対して繰返しシミュレーション法の1つのクラスである MCMC (Markov chain Monte Carlo) 法は,より複雑なモデルに対する一般的な解法として展開され,急速に様々な分野で応用されてきた.

MCMC 法は,事後分布に従う必ずしも独立でない標本からエルゴード性を有するマルコフ連鎖をシミュレートする方法であり,代表的アルゴリズムとしてギブスサンプリングがある.Geman and Geman (1984) は,この標本が

事後分布へ指数関数的に収束することを示し,Gelfand and Smith(1990) は,様々な統計モデルにこのギッブスサンプリングが適用できることを示している.このギッブスサンプリング法は,以下で定義される完全条件付き事後分布からのサンプリングが可能な場合に限定される.他方,完全条件付き事後分布が利用できない場合に適用されるアルゴリズムとして,メトロポリス–ヘイスティングスサンプリング (Metropolis, et al., 1953; Hastings, 1970) がある.

a. ギッブスサンプリング

いま初期値 θ_0 を与件として,$\{p(\theta_i|\theta_{i-1},\mathbf{y})\}$,すなわち $p(\theta_1|\theta_0,\mathbf{y})$,$p(\theta_2|\theta_1,\mathbf{y}),\cdots,p(\theta_t|\theta_{t-1},\mathbf{y})$ のそれぞれから得られるサンプリング系列 $\{\theta_0,\theta_1,\cdots,\theta_t\}$ はマルコフ連鎖を構成する.ギッブスサンプリング (Gibbs sampling) は,これを用いて $\theta=(\theta_1,\cdots,\theta_k)$ の k 次元事後分布を評価する方法であり,完全条件付き事後分布(full or complete conditional posterior distribution)が利用できる場合のアルゴリズムである.

完全条件付き事後分布は,他のパラメータを条件付きにしたときの各パラメータの条件付き分布であり,

$$\begin{cases} p(\theta_1|\theta_2,\cdots,\theta_k,\mathbf{y}) \\ p(\theta_2|\theta_1,\theta_3,\theta_4,\cdots,\theta_k,\mathbf{y}) \\ \quad\vdots \\ p(\theta_j|\theta_2,\cdots,\theta_{j-1},\theta_{j+1},\cdots,\theta_k,\mathbf{y}) \\ \quad\vdots \\ p(\theta_k|\theta_1,\cdots,\theta_{k-1},\mathbf{y}) \end{cases} \quad (5.53)$$

で定義される.以下では,$\theta_{-j}^{(i-1)} \equiv \left(\theta_1^{(i)},\cdots,\theta_{j-1}^{(i)},\theta_{j+1}^{(i-1)},\cdots,\theta_k^{(i-1)}\right)'$ として,必要に応じて簡潔に $\{p(\theta_j^{(i)}|\theta_{-j}^{(i-1)},\mathbf{y})(j=1,\cdots,k)\}$ とも書く.ギッブスサンプリングは,θ の完全条件付き分布が既知で,それぞれの条件付き分布からのサンプリングが容易であるときのアルゴリズムであり,次のステップに従う.

1) 初期値 $\{\theta_1^{(0)},\cdots,\theta_k^{(0)}\}$ の設定
2) 繰返し

$$\begin{cases} \theta_1^{(1)} \sim p(\theta_1|\theta_2^{(0)},\cdots,\theta_k^{(0)},\mathbf{y}) \\ \theta_2^{(1)} \sim p(\theta_2|\theta_1^{(1)},\theta_3^{(0)},\cdots,\theta_k^{(0)},\mathbf{y}) \\ \quad\vdots \\ \theta_k^{(1)} \sim p(\theta_k|\theta_1^{(1)},\cdots,\theta_{k-1}^{(1)},\mathbf{y}) \end{cases}$$ からスタートし,一般に

$$\begin{cases} \theta_1^{(i)} \sim p(\theta_1|\theta_{-1}^{(i-1)},\mathbf{y}) \\ \quad\vdots \\ \theta_j^{(i)} \sim p(\theta_j|\theta_{-j}^{(i-1)},\mathbf{y}), \quad i>1 \text{ とする}. \\ \quad\vdots \\ \theta_k^{(i)} \sim p(\theta_k|\theta_{-k}^{(i-1)},\mathbf{y}) \end{cases}$$

3) これを N 回繰り返す.

このアルゴリズムは推移カーネル(候補分布)を形成する.

$$K(\theta^{(i-1)},\theta^{(i)}) = \prod_{j=1}^{k} p(\theta_j^{(i)}|\theta_{-j}^{(i-1)},\mathbf{y}) \tag{5.54}$$

$N\to\infty$ のとき,緩い条件のもとで標本系列 $\{(\theta_1^{(i)},\cdots,\theta_k^{(i)})(i=1,\cdots,N)\}$ の経験分布(ヒストグラム)は,$N\to\infty$ のとき不変分布としての同時事後分布 $p(\theta_1,\cdots,\theta_k|\mathbf{y})$ へ収束する.また,この経験分布の一部 $\{\theta_j^{(i)}(i=1,\cdots,N)\}$ を取り出して評価すれば,周辺事後分布 $p(\theta_j|\mathbf{y})$ の推定値が求められる.Geman and Geman(1984)では,この収束が指数関数的に収束することを示し,Gelfand and Smith(1990)では,様々な統計モデルにギッブスサンプリングが適用できることを示している.

ギッブスサンプリングに基づく MCMC 法は,条件付き分布の階層構造から作られるモデルに最適であり,5.3.6 項の異質ブランド選択モデルにおいて有用性を発揮する.

b. メトロポリス–ヘイスティングスサンプリング

実際の統計モデリングにおいては,ギッブスサンプリングが前提とする完全条件付き分布を必ずしも得られない状況が数多く存在する.このような場合にも適用できるサンプリング法として,マルコフ連鎖の可逆性条件を手がかりにサンプリングを行うメトロポリス–ヘイスティングスサンプリング(Metropolis–

Hastings(M–H) sampling) がある．このアルゴリズムは，次のように与えられる．

1) 候補分布 (推移カーネル) からのサンプリング

$$\theta \sim q(\theta^{(i-1)}, \cdot) \tag{5.55}$$

2) 採用確率の評価

$$\alpha(\theta^{(i-1)}, \theta) = \min\left\{\frac{\pi(\theta)\,q(\theta, \theta^{(i-1)})}{\pi(\theta^{(i-1)})\,q(\theta^{(i-1)}, \theta)}, 1\right\} \tag{5.56}$$

3) サンプリング

一様乱数 $u \sim U_{[0,1]}$ をサンプリングし，$u \leq \alpha\left(\theta^{(i-1)}, \theta\right)$ のとき，これを採用して $\theta^{(i)} = \theta$ とし，これ以外は $\theta^{(i)} = \theta^{(i-1)}$ として採用しないとする．

次に，ロジットモデルに応用される代表的なアルゴリズムであるランダムウォークアルゴリズムを紹介する．

ランダムウォークアルゴリズム

パラメータの更新は，下記のランダムウォーク (random walk) で行われる．

$$\theta' = \theta + s \tag{5.57}$$

ここで，s は $\varphi(s)$ からのサンプルで，$\varphi(s)$ として正規分布などが使われる．この場合，候補分布（推移カーネル）は $q(\theta, \theta') = \varphi(\mathbf{s}) = \varphi(\theta' - \theta)$ であり，採用確率は

$$\alpha(\theta, \theta') = \min\left\{\frac{\pi(\theta')\,\varphi(\theta - \theta')}{\pi(\theta)\,\varphi(\theta' - \theta)}, 1\right\} \tag{5.58}$$

となる．いま，$\varphi(\mathbf{s})$ として正規分布など対称な候補分布を考えると，$\varphi(\theta - \theta') = \varphi(\theta' - \theta)$ であることから，採用確率は

$$\alpha(\theta, \theta') = \min\left\{\frac{\pi(\theta')}{\pi(\theta)}, 1\right\} \tag{5.59}$$

と表される．この場合を特にメトロポリスアルゴリズムと呼ぶ．これをパラメータの同時事後分布の評価問題として見た場合は，ターゲット分布 $\pi(\theta)$ を条件

付き事後分布として考える．このとき，このアルゴリズムは，$\theta \to \theta'$ へ推移する際に，$\frac{\pi(\theta')}{\pi(\theta)} \geq 1$ の場合は事後確率の大きい方へ向かっていき，$\frac{\pi(\theta')}{\pi(\theta)} < 1$ の場合は事後確率の低い方へも確率 $\alpha(\theta, \theta') = \frac{\pi(\theta')}{\pi(\theta)}$ で移動して状態の推移を行うことを意味する．

また，このアルゴリズムの場合，式 (5.58) の採用確率の調整（チューニング）を行うことが必要である．いま，θ が 1 次元，したがって $\varphi(\mathbf{s})$ が一変量正規分布 $N(0, \sigma^2)$ である場合，σ^2 をあらかじめ，例えば $\sigma^2 = 100$ と固定してアルゴリズムを作動させる必要がある．その場合，固定された σ^2 の値によって採用確率 $\alpha(\theta, \theta')$ が異なってくる．σ^2 が小さいと $\theta \to \theta'$ の動き方が小さくなり，採用確率 $\alpha(\theta, \theta')$ は 1 に近くなる．

この場合，サンプリングの効率は高くなるが，可能な状態空間を動き回るには時間がかかったり，あるいは一部の領域にとどまってしまったりする．逆に，σ^2 が大きいと $\theta \to \theta'$ の動き方が大きくなり，状態空間を大きく動き回るが，採用確率 $\alpha(\theta, \theta')$ は小さくなり，サンプリング効率は減少する．つまり，採用確率は大きすぎても小さすぎても好ましくない．経験的には，$\alpha(\theta, \theta') = 0.4$ 程度になるように σ^2 の値を調整するのがよいとされている．この意味で，提案分布 $\varphi(\mathbf{s})$ のパラメータ σ^2 をランダムウォークアルゴリズムのチューニングパラメータと呼ぶ．

これら MCMC の考え方と性質の詳細については，照井 (2008) の第 5 章を参照せよ．

5.3.4 回帰モデルのベイズ推測

データ y_t, x_t $(t = 1, \cdots, n)$ に対して既知の分散の誤差項を持つ正規線形回帰モデル

$$y_t = x_t \beta + u_t; \quad u_t \sim N(0, 1) \tag{5.60}$$

のベイズ推測をみてみよう．いま，観測値をまとめて $\mathbf{y} = (y_1, \cdots, y_n)'$, $\mathbf{x} = (x_1, \cdots, x_n)'$ としたとき，パラメータ β に対する尤度関数は

$$p(y|\beta, x) \propto \exp\left\{-\frac{1}{2}(\mathbf{y} - \mathbf{x}\beta)'(\mathbf{y} - \mathbf{x}\beta)\right\} \tag{5.61}$$

で表される.いま β に対する事前分布を $\beta \sim N(\beta_0, 1)$ とすれば,その密度関数は

$$p(\beta) \propto \exp\left\{-\frac{1}{2}(\beta-\beta_0)^2\right\}$$

で与えられる.このとき β の事後分布は,これらの積で導出され,

$$p(\beta|\mathbf{y},\mathbf{x}) \propto p(\mathbf{y}|\beta,\mathbf{x})p(\beta) \propto \exp\left\{-\frac{1}{2}(\beta-\beta^*)^2/\sigma^{2*}\right\} \tag{5.62}$$

と計算でき,次の正規分布となることが示せる.

$$\beta|\mathbf{y},\mathbf{x} \sim N(\beta^*, \sigma^*) \tag{5.63}$$

ここで $\beta^* = (\mathbf{x}'\mathbf{x}+1)^{-1}(\mathbf{x}'\mathbf{x}\hat{\beta}+\beta_0)$, $\sigma^{2*} = (\mathbf{x}'\mathbf{x}+1)$, $\hat{\beta} = (\mathbf{x}'\mathbf{x})^{-1}\mathbf{x}'\mathbf{y}$ である.つまり,事後分布は,事前分布と同じく正規分布をし,その平均は最小2乗推定値 $\hat{\beta}$ と事前分布の平均値 β_0 をそれぞれの分散の逆数 $\mathbf{x}'\mathbf{x}$ および 1 で加重して平均をとったものと解釈できる.

5.3.5 潜在変数とプロビットモデルのデータ拡大

まず簡単化のために,A または B のブランドの選択問題において,次の切片を含まない確率効用関数を考えよう.

$$\begin{cases} U_{\mathrm{A}t} = p_{\mathrm{A}t}\beta + e_{\mathrm{A}t} \\ U_{\mathrm{B}t} = p_{\mathrm{B}t}\beta + e_{\mathrm{B}t} \end{cases} \tag{5.64}$$

2 つの誤差項はそれぞれ無相関であり,t に関しても互いに無相関で平均ゼロ,分散 1/2 の正規分布

$$e_{it} \sim N(0, 1/2), \quad i = \mathrm{A}, \mathrm{B} \tag{5.65}$$

に従うと仮定する.このとき,

$$u_t = U_{\mathrm{A}t} - U_{\mathrm{B}t} = (p_{\mathrm{A}t} - p_{\mathrm{B}t})\beta + (e_{\mathrm{A}t} - e_{\mathrm{B}t}) \tag{5.66}$$

であることから,$\varepsilon_t = (e_{\mathrm{A}t} - e_{\mathrm{B}t}) \sim N(0,1)$ であり,$p_{\mathrm{A}t} - p_{\mathrm{B}t} = x_t$ として,相対効用は

$$u_t = x_t\beta + \varepsilon_t; \quad \varepsilon_t \sim N(0,1) \tag{5.67}$$

と書かれる．したがって，t 期にブランド A が選択される確率は式 (5.27) より，

$$\Pr\{y_t = \mathrm{A}\} = \Pr\{u_t = U_{\mathrm{A}t} - U_{\mathrm{B}t} > 0\} = \int_0^\infty f(z)dz \qquad (5.68)$$

である．ここで $f(z)$ は，平均 $x_t\beta$，分散 1 の正規分布の確率密度関数を表す．効用 u_t は式 (5.68) を満たすように制約を受け，図 5.3 に示されている正の値のみ（斜線部分）をとる切断正規分布 $TN_{(0,\infty)}(0,1)$ に従う確率変数となる．

いま，n 期にわたるブランド選択データ $\mathbf{y}$ および価格データ $\mathbf{x}$ を与件として，これに対応する効用を $\mathbf{u}^a = \{u_1^a, \cdots, u_n^a\}$ とする．ここで $\mathbf{u}^a$ は，観測データ $(\mathbf{y}, \mathbf{x})$ と整合的となるよう制約（式 (5.68)）を満たす必要があり，それぞれの選択状況に応じて，A を選択した場合は切断正規分布 $TN_{(0,\infty)}(0,1)$，B を選択した場合は $TN_{(-\infty,0)}(0,1)$ に従う確率変数として扱うことができる．

次に β の事後分布を導出するために，事前分布として平均 β_0，分散 1 の正規分布に従うこと，つまり

$$\beta = \beta_0 + \eta; \quad \eta \sim N(0,1) \qquad (5.69)$$

を仮定する．

さらに，効用 $\mathbf{u}^a$ を与えたときの β の条件付き事後分布は，回帰モデルのベイズ推測において従属変数 y_t を u_t^a に置き換えたものになり，データの分布（式 (5.67)）から構成される尤度関数と事前分布（式 (5.69)）を掛け合わせて

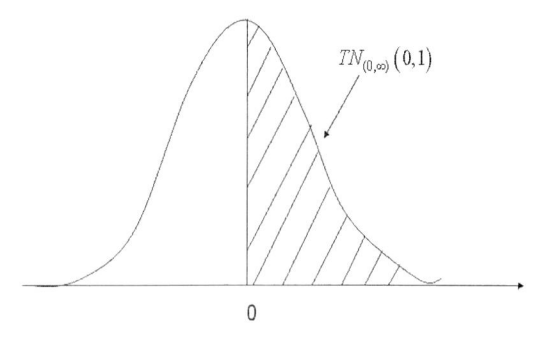

図 5.3 切断正規分布

$$p(\beta|\mathbf{u}^a, \mathbf{y}, \mathbf{x}) \propto (2\pi)^{-n/2} \exp\left\{-\frac{1}{2}\sum_{t=1}^{n}(u_t^a - x_t\beta)^2\right\} \\ \times (2\pi)^{-1/2} \exp\left\{-\frac{1}{2}(\beta - \beta_0)^2\right\} \quad (5.70)$$

となる．これは回帰モデルのベイズ推測の結果から

$$\beta|\mathbf{u}^a, \mathbf{x} \sim N\left(\beta^*, (\mathbf{x}'\mathbf{x}+1)\right) \quad (5.71)$$

となる．ここで $\beta^* = (\mathbf{x}'\mathbf{x}+1)^{-1}\left(\mathbf{x}'\mathbf{x}\hat{\beta} + \beta_0\right)$ および $\hat{\beta} = (\mathbf{x}'\mathbf{x})^{-1}\mathbf{x}'\mathbf{u}^a$ である．これは，誤差項の分散が既知の場合における回帰モデルの係数パラメータのベイズ推測に対応している．

ひとたびブランド選択データ $\mathbf{y}$ と整合的な効用 $\mathbf{u}^a$ が与えられれば，線形回帰モデルの従属変数の値が観測されたことになり，説明変数 x も与件であるので，回帰モデルのベイズ推測の議論から β の分布は離散変数であるブランド選択データ $\mathbf{y}$ に依存せず，$p(\beta|\mathbf{y}, \mathbf{u}^a, \mathbf{x}) = p(\beta|\mathbf{u}^a, \mathbf{x})$ となる．ここで，効用 $\mathbf{u}^a$ は直接には観測されない変数であり，潜在変数(latent variable)と呼ばれる．このようにブランド選択データを用いて，潜在変数である効用の値をデータを拡大して発生させ，これによってパラメータの推測を行う手続きはデータ拡大(data augmentation)と呼ばれる．複雑な推測を単純化する手法として様々なモデルで応用されている．

β の事後分布は，β と $\mathbf{u}^a$ の同時事後分布を互いの条件付き事後分布の積

$$p(\beta, \mathbf{u}^a|\mathbf{y}, \mathbf{x}) = p_1(\mathbf{u}^a|\mathbf{y}, \mathbf{x}, \beta)\, p_2(\beta|\mathbf{u}^a, \mathbf{x}) \quad (5.72)$$

を用いて表し，ギブスサンプリングにより，$p(\beta, \mathbf{u}^a|\mathbf{y}, \mathbf{x})$ からサンプリングされた $\{\beta^{(i)}, i=1,\cdots,N\}$ の経験分布によって評価を行う．

具体的には，下記のアルゴリズムに従って事後分布を評価する．

(1) "$\mathbf{u}^a|\beta$" の発生

消費者 h の 5 回のブランド選択データ：$\{y_t(t=1,\cdots,5)\} = \{\text{A}, \text{B}, \text{B}, \text{A}, \text{B}\}$ の第 1 番目のデータ $y_1 = \text{A}$ に対して，式 (5.66) より，

$$u_1 = U_{\text{A}1} - U_{\text{B}1} > 0 \quad (5.73)$$

である．$p_1\left(u_1^a|y_1,\beta\right)$ は区間 $(0,\infty)$ での切断正規分布

$$u_1^{a(i)}|\left(y_1,x_1\right),\beta \sim TN_{(0,\infty)}\left(x_1\beta,1\right) \tag{5.74}$$

であり，この分布から潜在変数としての効用 $u_1^{a(i)}$ を発生させる．順次，これを購買機会ごとに評価し，これを一般化して，潜在的効用：$\mathbf{u}^{a(i)} = \left\{u_1^{a(i)},u_2^{a(i)},\cdots,u_5^{a(i)}\right\}$ を下記に従ってサンプリングする．

$$u_t^{a(i)}|\left(y_t,x_t\right),\beta \sim \begin{cases} TN_{(0,\infty)}\left(x_t\beta,1\right), & y_t = \text{A のとき} \\ TN_{(-\infty,0)}\left(x_t\beta,1\right), & y_t = \text{B のとき} \end{cases} \tag{5.75}$$

(2) "$\beta|\mathbf{u}^a$" の発生

今度は $\mathbf{u}^{a(i)}$ を与件として，β の条件付き事後分布：$p_2\left(\beta|\mathbf{Y},\mathbf{u}^a\right) = p_2\left(\beta|\mathbf{u}^a\right)$ から，下記に従ってサンプリングを行う．

$$\beta^{(i)}|\mathbf{u}^{a(i)} \sim N\left(\beta^*,(\mathbf{x}'\mathbf{x}+1)\right) \tag{5.76}$$

このように潜在変数を導入して，データを $\mathbf{y}$ から $(\mathbf{y},\mathbf{u}^a)$ へ拡大することにより，求める積分評価が容易になる．

式 (5.75) の切断正規分布からの乱数発生については，本章末の付録を参照してほしい．

R による分析例：二項プロビットモデルのデータ拡大

次に，Rossi, et al.(2005) のパッケージ "bayesm" における二項プロビットのコマンド "rbprobitGibbs" の例を示す．変数は価格とブランド定数であり，使用するデータは "bpdata.csv" として Excel 形式で読み込んでいる．図 5.5 の左側には，MCMC 繰返し回数を $R = 2000$ としたときの切片と価格係数のサンプルパス，右側にはそれぞれのヒストグラムを描いてある．そこでは最初の 200 回を初期値に依存する部分として捨て，残りの 1800 回のサンプリングで分布の評価をしている．これらの事後分布の平均をベイズ推定値とすれば，図 5.4 の右側の出力統計表から切片が $\hat{\alpha} = 0.48$，価格係数は $\hat{\beta}_1 = -2.96$ となる．

5.3 異質な消費者の行動モデル

```
##二項プロビット・モデル－データ拡大－
## Load and Create Data
df=read.csv("bpdata.csv")
y=as.matrix(df[,3])
int=rep(1,nrow(y))
X=cbind(int,df[,1]-df[,2])
k=ncol(X)
## MCMC Iteration
R=2000
## Prior Setting
# beta is N(beta0,A0^(-1))
beta0=rep(0,k)
A0=diag(1,k)
## Do MCMC
Data1=list(X=X,y=y)
Prior1=list(betabar=beta0,A=A0)
Mcmc1=list(R=R,keep=1)
out=rbprobitGibbs(Data=Data1,Prior=Prior1,Mcmc=Mcmc1)
## Output
summary(out$betadraw)
plot(out$betadraw)
```

```
Summary of Posterior Marginal Distributions
Moments
      mean std dev num se rel eff sam size
1  0.48     0.15  0.0073    4.3        360
2 -2.96     0.56  0.0278    4.4        360

Quantiles
    2.5%    5%    50%   95% 97.5%
1   0.18  0.23   0.48  0.71  0.77
2  -4.01 -3.89  -2.97 -2.06 -1.94
  based on 1800 valid draws (burn-in=200)
```

図 5.4 二項プロビット－データ拡大－

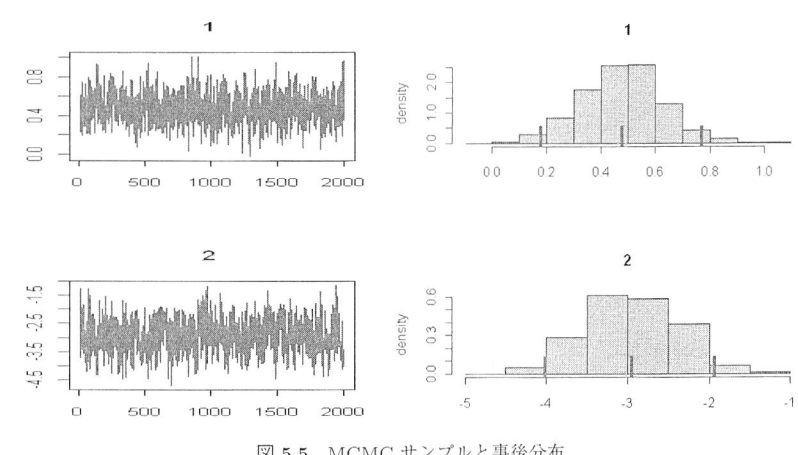

図 5.5 MCMC サンプルと事後分布

多項プロビットモデルのデータ拡大に対するギッブスサンプリングのアルゴリズムについては，照井 (2008) の第 8 章を参照せよ．

R による分析例：多項プロビットモデルのデータ拡大

次に，パッケージ "bayesm" における多項プロビットのコマンド "rmnpGibbs" の例を示す．ブランド数は 3 であり，価格がマーケティング変数

のモデルである．データは"mnpdata.csv"から読み込んでいる．図 5.6 の左側にはコード，右側には出力統計表の一部を記載している．図 5.7 の上 2 つにはブランド切片の事後分布が，一番下のものには価格係数の事後分布がそれぞれ描かれており，事後平均は出力表から，$\hat{\alpha}_1 = 0.359$, $\hat{\alpha}_2 = 0.063$, $\hat{\beta}_1 = -3.291$ と計算されている．

```
##多項プロビット・モデル－データ拡大－
## Load & Create Data
df=read.csv("mnpdata.csv")
y=as.matrix(df[,4])
xp=df[,1:2]-df[,3]
X=NULL
for(i in 1:nrow(y)){
    x1=cbind(1,0,xp[i,1])
    x2=cbind(0,1,xp[i,2])
    X=rbind(X,x1,x2)
}
p=3                    # number of choices
k=ncol(X)
## MCMC Iteration
R=2000
## Prior Setting
# beta is N(beta0,A0^(-1))
beta0=rep(0,k)
A0=diag(1,k)
# sigma is IW(nu0,V0)
nu0=(p-1)+3
V0=nu0*diag(1,p-1)
## Do MCMC
Data1=list(p=p,y=y,X=X)
Prior1=list(betabar=beta0,A=A0,nu=nu0,V=V0)
Mcmc1=list(R=R,keep=1)
out=rmnpGibbs(Data=Data1,Prior=Prior1,Mcmc=Mcmc1)
## Output
cat(" Summary of Betadraws ",fill=TRUE)
betatilde=out$betadraw/sqrt(out$sigmadraw[,1])
attributes(betatilde)$class="bayesm.mat"
summary(betatilde)
cat(" Summary of Sigmadraws ",fill=TRUE)
sigmadraw=out$sigmadraw/out$sigmadraw[,1]
attributes(sigmadraw)$class="bayesm.var"
summary(sigmadraw)
plot(betatilde)
```

```
Summary of Posterior Marginal Distributions
Moments
    mean   std dev  num se  rel eff  sam size
1   0.359   0.15    0.013     13       129
2  -0.063   0.22    0.024     22        82
3  -3.291   0.60    0.052     13       129
Quantiles
        2.5%    5%      50%    95%   97.5%
1      0.051   0.11    0.359   0.60   0.64
2     -0.584  -0.45   -0.044   0.27   0.30
3     -4.563  -4.32  -3.251  -2.37  -2.26
    based on 1800 valid draws (burn-in=200)
Summary of Sigmadraws
Posterior Means of Std Deviations and Correlation Matrix
    Std Dev    1      2
1   1.0      1.00   0.39
2   1.1      0.39   1.00

Upper Triangle of Var-Cov Matrix
Summary of Posterior Marginal Distributions
Moments
      mean  std dev  num se   rel eff  sam size
1,1  1.00   0.00   -1.0e+04   -9999    -9999
1,2  0.41   0.28    3.4e-02      26       69
2,2  1.21   0.50    5.0e-02      18       95
    based on 1800 valid draws (burn-in=200)
```

図 5.6　多項プロビット－データ拡大－

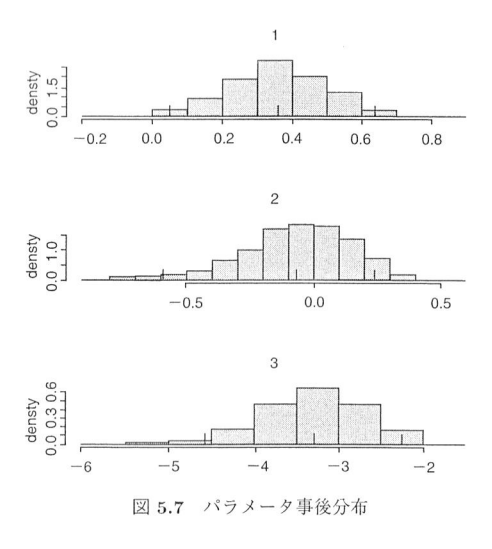

図 5.7　パラメータ事後分布

5.3.6 異質ブランド選択モデル——階層ベイズモデル

現代のマーケティングでは，豊富な顧客情報を背景にして個別の市場反応を測定し，顧客に対して個別にアプローチする個別対応のマーケティングが求められる．ブランド選択モデルでは，市場反応パラメータが消費者ごとに個別の値を持ち，これを測定することが目的となり，これを異質ブランド選択モデルと呼ぶ．個別顧客の情報が豊富にある状況では，顧客ごとのパラメータをそれ自身のデータで推定可能であるが，実際は，顧客ごとの購買履歴データはパラメータを安定的に推定できるほど多くないのが通例である．

その場合，消費者は異質であるけれども共通な部分も併せ持つものとし，顧客情報を顧客間でプールして共通性の部分を推定する統計モデルとして，階層モデルを設定する．

そこでは，これまで見てきた顧客の行動データに基づいて尤度関数を定義する「個体内モデル」と，共通な性質から顧客を結び付ける「個体間モデル」から，異質ブランド選択モデルが構成される．

a. 異質な消費者の効用関数（個体内モデル：within subject）

式 (5.43) で定義した異質な消費者の効用関数を拡張して，消費者ごとに異なる市場反応係数 b_h およびブランド価値 a_{jh} を有する異質な消費者の効用関数

$$U_{jht} = a_{jh} + M'_{jht} b_h + e_{jht}, \quad j = 1, \cdots, m+1 \tag{5.77}$$

を考え，さらに顧客情報として用いられるパネルデータを想定する．マーケティング変数 M_{jht} は，価格以外のディスプレイ (D_{jht}) およびチラシ広告 (F_{jht}) の変数を考え，$M_{jht} = (P_{jht}, D_{jht}, F_{jht})'$，$b_h = (\beta_{1h}, \beta_{2h}, \beta_{3h})'$ と一般化する．

上で見たように，ブランド選択モデルでは識別性のために 1 つのブランドを基準とし，基準ブランドからの差をとって相対効用を定義する．

$$\begin{aligned}
u_{jht} &= U_{jht} - U_{m+1ht} \\
&= (a_{jh} - a_{m+1h}) + (P_{jht} - P_{m+1ht})\beta_{h1} + (D_{jht} - D_{m+1ht})\beta_{h2} \\
&\quad + (F_{jht} - F_{m+1ht})\beta_{h3} + (e_{jht} - e_{m+1ht}) \\
&\equiv \alpha_{jh} + p_{jht}\beta_{h1} + d_{jht}\beta_{h2} + f_{jht}\beta_{h3} + \varepsilon_{jht}, \quad j = 1, \cdots, m \\
&\equiv \mathbf{x}'_{jht} \beta_h + \varepsilon_{jht}
\end{aligned} \tag{5.78}$$

ここで，$\mathbf{x}_{jht} = (0, 0, \cdots, 1, 0, \cdots, 0; \mathbf{m}'_{jht})'$，$\mathbf{m}_{jht} = M_{jht} - M_{m+1ht}$ および $\beta_h = (\alpha_{1h}, \alpha_{2h}, \cdots, \alpha_{mh}; \beta_{1h}, \beta_{2h}, \beta_{3h})'$ である．

このとき，ブランド j の選択確率は次のように表される．

$$\Pr\{y_{ht} = j | \beta_h, \Sigma\} = \begin{cases} \Pr(\text{すべての } k \text{ に対して } u_{jht} > u_{kht} \geq 0 | \beta_h, \Sigma), & j \leq m \\ \Pr(\text{すべての } k \text{ に対して } u_{kht} \leq 0 | \beta_h, \Sigma), & j = m+1 \end{cases} \quad (5.79)$$

プロビットモデルの場合には，β_h およびデータ $(\mathbf{y}_{ht}, \mathbf{X}_{ht})$ を与えたとき，データ拡大によって潜在変数の効用ベクトル $\mathbf{u}^a_{ht}$ は，切断正規分布によって生成される．t 期のブランド $j = 1, \cdots, m$ に関する相対的潜在効用 $\mathbf{u}^a_{ht}$ の構造を行列表記すれば，

$$\mathbf{u}^a_{ht} = \mathbf{X}'_{ht} \beta_h + \varepsilon_{ht} \quad (5.80)$$

となる．β_h の尤度関数は，購買機会 $t = 1, \cdots, n_h$ までをまとめて，t に関して独立な行動を仮定すると次のように表せる．

$$p(\mathbf{u}^a_h | \beta_h, \mathbf{X}_h)$$
$$= (2\pi)^{-n_h m/2} |\Sigma|^{-n_h/2} \exp\left\{ -\frac{1}{2} \sum_{t=1}^{n_h} (\mathbf{u}^a_{ht} - \mathbf{X}'_{ht} \beta_h)' \Sigma^{-1} (\mathbf{u}^a_{ht} - \mathbf{X}'_{ht} \beta_h) \right\}$$
$$(5.81)$$

ここで $\mathbf{u}^a_h = (\mathbf{u}^{a}_{h1}{}', \mathbf{u}^{a}_{h2}{}', \cdots, \mathbf{u}^{a}_{hn_h}{}')'$，$\mathbf{X}_h = (\mathbf{X}_{h1}; \mathbf{X}_{h2}; \cdots; \mathbf{X}_{hn_h})$ である．

b. 個体間モデル (between-subject)

個体間の関係を規定する階層モデルは，消費者固有変数 $\mathbf{z}_h$ へ係数 β_h を回帰させる形で次式のように定義される．

$$\beta_h = \boldsymbol{\Theta}' \mathbf{z}_h + \eta_h; \quad \eta_h \sim N_k(\mathbf{0}, V_\beta) \quad (5.82)$$

ここで，$\beta_h = (\beta_{1h}, \beta_{2h}, \cdots, \beta_{kh})'$，$k \times q$ 行列 $\boldsymbol{\Theta}' = [\theta_1, \theta_2, \cdots, \theta_q]$，$\mathbf{z}_h = (z_{1h}, z_{2h}, \cdots, z_{qh})'$，$\eta_h = (\eta_{1h}, \eta_{2h}, \cdots, \eta_{kh})'$ である．η_h は回帰の誤差項であり，$\boldsymbol{\Theta}'$ は回帰係数行列となる．ここで，k は m 個のブランド切片とマーケティング変数の数であり，ここでは $k = m + 3$ で定義される．また，q は階層回帰の説明変数の個数である．階層モデル（式 (5.82)）は，β_h に対する事前分布と

して正規分布

$$\beta_h \sim N_k\left(\boldsymbol{\Theta}'\mathbf{z}_h, V_\beta\right) \tag{5.83}$$

を設定していることに等しい.

いま，階層モデルのパラメータ $(\boldsymbol{\Theta}, V_\beta)$ に対する事前分布を $p(\boldsymbol{\Theta}, V_\beta)$ としたとき，階層ブランド選択モデルの同時事後分布は階層回帰モデルとの対応において，

$$\begin{aligned}p\left(\{\beta_h\}, \Sigma, \boldsymbol{\Theta}, V_\beta | \mathbf{Y}\right) &\propto p\left(\mathbf{Y}, \{\beta_h\}, \Sigma, \boldsymbol{\Theta}, V_\beta\right) \\ &= \underbrace{p(\boldsymbol{\Theta}, V_\beta)}_{(事前分布)} \underbrace{p(\Sigma)}_{(事前分布)} \prod_{h=1}^{H} \left\{ \underbrace{p(\beta_h | \boldsymbol{\Theta}, V_\beta, \mathbf{z}_h)}_{(事前分布)} \underbrace{\Pr(\mathbf{y}_h | \beta_h, \Sigma, \mathbf{X}_h)}_{(尤度関数)} \right\}\end{aligned} \tag{5.84}$$

と表される．ここで，個体内の尤度関数がブランド選択の同時確率

$$\Pr\{\mathbf{y}_h | \beta_h, \Sigma, \mathbf{X}_h\} = \prod_{t=1}^{n_h} \Pr\{\mathbf{y}_{ht} | \beta_h, \Sigma, \mathbf{X}_{ht}\} \tag{5.85}$$

となっていることに注意する.

プロビットモデルの場合は，これはデータ拡大によって発生させた効用を用いた正規分布の尤度関数（式 (5.81)）が対応する．また，同時事後分布の要素 $[p(\beta_h | \boldsymbol{\Theta}, V_\beta, \mathbf{z}_h) \Pr\{\mathbf{y}_h | \beta_h, \Sigma, \mathbf{X}_h\}]$ の評価に関して，ギブスサンプリングにおいて必要となる完全条件付き事後分布が，多変量正規分布と逆ウィッシャート分布で表現でき，効率的な MCMC の状況を構成する.

1) $\beta_h | -$：多変量正規分布
2) $\boldsymbol{\Theta} | -$：多変量正規分布
3) $\Sigma | -$：逆ウィッシャート分布
4) $V_\beta | -$：逆ウィッシャート分布

またロジットモデルの場合は，ブランド選択確率（式 (5.23)）を拡張して

$$\Pr\{\mathbf{y}_h | \beta_h, \Sigma, \mathbf{X}_{ht}\} = \prod_{t=1}^{n_h} \frac{\exp\{\mathbf{X}'_{jht}\beta_h\}}{\exp\{\mathbf{X}'_{iht}\beta_h\} + \cdots + \exp\{\mathbf{X}'_{mht}\beta_h\} + 1} \tag{5.86}$$

と表される．この場合は，$[p(\beta_h | \boldsymbol{\Theta}, V_\beta, \mathbf{z}_h) \Pr\{\mathbf{y}_h | \beta_h, \Sigma, \mathbf{X}_h\}]$ の評価に共役関係が利用できず，メトロポリス–ヘイスティングスサンプリングを用いて，事後分布を評価する．具体的には，ランダムウォークアルゴリズムにおいて候補分布 $\pi(\beta_h)$ として事後分布の表現を採用し

とおいて,サンプリングを行う.

$$\pi(\beta_h) = p(\beta_h|\boldsymbol{\Theta}, V_\beta, \mathbf{z}_h) \Pr\{\mathbf{y}_h|\beta_h, \Sigma, \mathbf{X}_h\}$$
$$\propto \exp\left(-\frac{1}{2}(\beta_h - \boldsymbol{\Theta}'\mathbf{z}_h)'V_\beta^{-1}(\beta_h - \boldsymbol{\Theta}'\mathbf{z}_h)\right) \quad (5.87)$$
$$\times \prod_{t=1}^{n_h} \frac{\exp\{\mathbf{X}'_{jht}\beta_h\}}{\exp\{\mathbf{X}'_{iht}\beta_h\} + \cdots + \exp\{\mathbf{X}'_{mht}\beta_h\} + 1}$$

つまり,s の分布として平均ゼロの正規分布 $\varphi(\mathbf{s})$ を設定し,パラメータ更新をランダムウォーク

$$\beta_h{}' = \beta_h + s \quad (5.88)$$

によって行う.その際の採用確率は

$$\alpha(\beta_h, \beta_h{}') = \min\left\{\frac{\pi(\beta_h{}')}{\pi(\beta_h)}, 1\right\} \quad (5.89)$$

と表される.

β_h 以外のパラメータについては,プロビットモデルと同様に多変量正規分布と逆ウィッシャート分布で条件付き事後分布が求まる.

詳細については,照井 (2008) の第 5 章および第 9 章を参照せよ.

c. 階層モデルの意味と役割

上述の階層ベイズモデルの意味を直感的に理解しよう.図 5.8 の左側では,消費者 h および消費者 h' に対する市場反応パラメータ β_h および $\beta_{h'}$ の事前分布が描かれている.これらの事前分布は,平均がそれぞれ $\boldsymbol{\Theta}'z_h$ および $\boldsymbol{\Theta}'z_{h'}$ であり,分散は共通の V_β の正規分布である.図では,分布の位置を決める平均が異なることから分布の場所が異なり,分散は同じであるので分布の形は同じであることがわかる.

これに対して図 5.8 の右側は,データの投入によって共通性パラメータ $(\boldsymbol{\Theta}, V_\beta)$ が $(\tilde{\boldsymbol{\Theta}}, \tilde{V}_\beta)$ に更新され,それに応じて消費者 h の分布の平均は $\tilde{\boldsymbol{\Theta}}'z_h$,また消費者 h' の分布の平均は $\tilde{\boldsymbol{\Theta}}'z_{h'}$ へ変化して,分布の位置が動いている様子がわかる.この場合,分散も $\tilde{V}_\beta$ に変化するが,これは両者の分布に共通の変化である.データ投入後の事後分布は正規分布ではなく,図にあるように分散は同じでも消費者 h の事後分布は右に歪み,h' の事後分布も右に歪んだ形をしている.ともに同じ正規分布を事前分布と仮定しても,これに行動データを投入し

5.3 異質な消費者の行動モデル

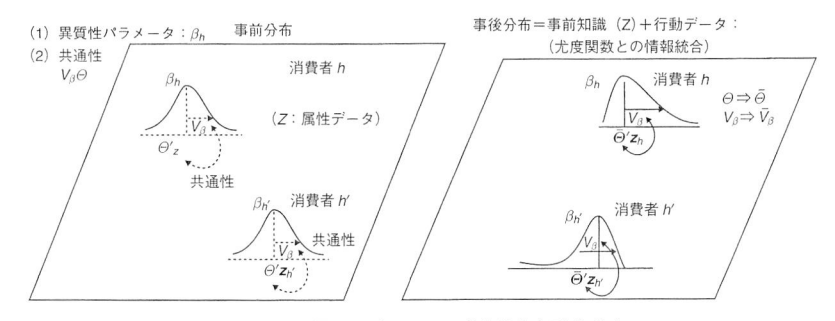

図 5.8 階層ベイズモデル：事前分布と事後分布

た後は，データによって情報が異なる分布形として反映されることになる．

消費者固有変数 z_h は，消費者 h のポジションを決定する識別子として機能する．その場合，z_h は年齢や性別，年収など人口統計的属性ばかりではなく，ブランドのロイヤルティや販促時に購買する傾向など，消費者の行動の習慣などを表す情報であってもよく，消費者に固有の情報を与えるものであれば何でもよい．

R による分析例：階層ベイズロジットモデル

次に，Rossi, et al.(2005) におけるパッケージ "bayesm" における階層ベイズロジットモデル "rhierMnlRwMixture" の例を示す．ここでは，ブランド数が $m = 3$，パネル数が $H = 60$ の家計のパネルデータを用いて前項までと同様に価格をマーケティング変数とし，2つのブランド切片を含んでいるモデルを扱う．家計固有の属性変数 $\mathbf{z}_h$ としては，定数項と観測期間のカテゴリ購買回数を用いた．MCMC の繰返し回数は $R = 2000$ であり，最初の 200 回は捨てている．図 5.9 では，60 家計のそれぞれの価格係数 β_h の事後分布のボックスプロット（箱ひげ図）が描かれている．この図から，各家計の価格反応 β_h はばらついており，事後平均は各家計すべてにおいてマイナスであるが，No.38 など価格に反応しない家計の存在も現れている．また家計の価格係数をカテゴリ購買回数で説明する階層回帰モデルの回帰係数の推定値は 0.58 と計算され，「購買回数が多い家計ほど価格係数 β_h の大きさは小さくなる」といえる．

Coefficients on Var 3

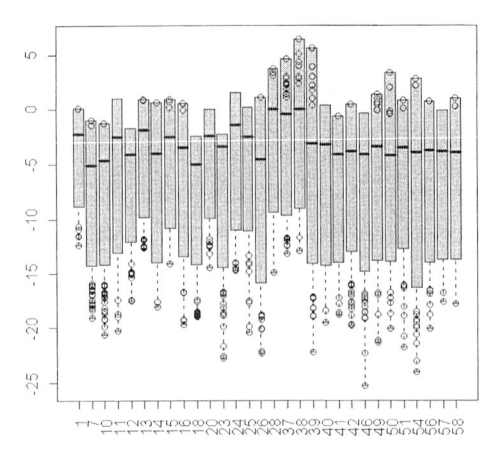

図 5.9　消費者間のパラメータ事後分布

付録：切断正規分布と乱数発生

定義と密度関数

平均 μ, 分散 σ^2 の正規分布で区間 (a,b) に限定された確率変数 x を区間 (a,b) の切断正規分布(truncated normal distribution) と呼び，

$$x \sim TN_{(a,b)}\left(\mu, \sigma^2\right) \quad (5.90)$$

と書く．$\phi\left(\mu, \sigma^2\right)$ を平均 μ, 分散 σ^2 の正規分布の確率密度関数とするとき，切断正規分布の密度関数は

$$f(x) \sim \frac{\phi\left(\mu, \sigma^2\right)}{\Pr\{x \in (a,b)\}} \quad (5.91)$$

で与えられる．これは，定義域 (a,b) 上で積分して 1 となる必要があることから容易に確認できる．

切断正規分布からの乱数発生に関しては，次の性質を利用する．

(i) 分布関数の分布

一般に，ある確率変数 Y の分布関数 $F(Y)$

付録：切断正規分布と乱数発生   *149*

$$\Pr\{Y \leq y\} = F(y) \tag{5.92}$$

に対して，y を確率変数として $F(Y)$ を確率変数と見た場合，$F(Y)$ の分布は $(0,1)$ の一様分布

$$U = F(Y) \sim U(0,1) \tag{5.93}$$

となる性質を持つ．

証明：

いま，U の分布関数 F は単調で逆関数を持つので

$$\begin{aligned} F_U(u) &= \Pr\{U = F(Y) \leq u\} \\ &= \Pr\{Y \leq F^{-1}(u)\} = F\left(F^{-1}(u)\right) = u \end{aligned} \tag{5.94}$$

が成立する．他方，一様分布は $F_U(u) = u(0 < u \leq 1)$ として特徴付けられるので，式 (5.93) が成り立つ．

(ii) 乱数発生

次に切断正規分布 $TN_{(a,b)}\left(\mu, \sigma^2\right)$ からの乱数 y を発生させる方法を見てみよう．この確率密度関数（式 (5.91)）から，分布関数は

$$G(y) = \frac{\int_a^y \phi\left(\mu, \sigma^2\right) dx}{\Pr\{x \in (a,b)\}} = \frac{F(y) - F(a)}{F(b) - F(a)} \tag{5.95}$$

と表される．ここで，$F(y)$ は正規分布 $N\left(\mu, \sigma^2\right)$ の分布関数 $\int_{-\infty}^y \phi\left(\mu, \sigma^2\right) dx$ である．いま，$G(y) \sim U(0,1)$ であることから $u \sim U(0,1)$ として，$\frac{F(y)-F(a)}{F(b)-F(a)} = u$ より，

$$F(y) = F(a) + u\left(F(b) - F(a)\right) \tag{5.96}$$

の関係が得られる．したがって，正規分布の分布関数の逆関数 $F^{-1}(\cdot)$ により

$$y = F^{-1}\left[F(a) + u\left(F(b) - F(a)\right)\right] \tag{5.97}$$

として乱数発生ができる．

m 次元の切断正規分布する変数 $\mathbf{x}$ について，同様に $\phi^m(\mu, \Sigma)$ を m 変量正規分布の密度関数とし，$\mathbf{x} \in R^m$ で切断される正規分布を

$$f(\mathbf{x}) \sim \frac{\phi^m(\mu, \Sigma)}{\Pr\{\mathbf{x} \in R^m\}} \tag{5.98}$$

と定義し，下記のように表記する．

$$\mathbf{x} \sim TN_{m(R^m)}(\mu, \Sigma) \tag{5.99}$$

参 考 文 献

1) 照井伸彦 (2008), ベイズモデリングによるマーケティング分析, 東京電機大学出版局.
2) Box, B.E.P. and G. Tiao (1983), *Bayesian Inference in Statistical Analysis*, Addison-Wesley.
3) DeGroot, M. (1970), *Optimal Statistical Decisions*, McGraw-Hill.
4) Geman, S. and D. Geman (1984), "Stochastic relaxation, Gibbs distributions and the Bayesian restoration of images," *IEEE Transactions on Pattern Analysis and Machine Intelligence*, **6**, 721–741.
5) Gelfand,A. and A.F.M.Smith (1990), "Sampling-based approaches to calculating marginal densities," *Journal of the American Statistical Association*, **85**, 398–409.
6) Hastings, W.K. (1970), "Monte Carlo sampling methods using Markov chains and their applications," *Biometrika*, **57**, 97–109.
7) Metropolis, N., A.W. Rosenbluth, M.N. Rosenbluth, A.H. Teller and E. Teller (1953), "Equations of state calculations by fast computing machines," *Journal of Chemical Physics*, **21**, 1087–1092.
8) Rossi, P., G. Allenby and R. McCulloch(2005), *Bayesian Statistics and Marketing*, John Wiley & Sons.
9) Tierney, L. (1994), "Markov chains for exploring posterior distributions (with discussion and rejoiner)," *Annals of Statistics*, **22**, 1701–1762.
10) Zellner, A. (1972), *An Introductory Bayesian Inference in Econometrics*, John Wiley & Sons.

6 製品の採用と普及

　企業にとって新製品の開発は，自社の成長を持続させるために欠かせないものである．既存製品に頼るだけでは，成長どころか企業の存続さえ危うくなる．特に製品ライフサイクルが短縮し，消費者の選好の変化が激しくなった近年では，新製品を開発しない企業は高い利益率を維持することが難しくなる．ブーズ・アレン＆ハミルトン社の調査（対象企業700社）では，新製品は最近5年間の企業成長の28%に貢献しているという．また別の調査では，企業収益の35%が，10年前までは存在しなかった新製品によってもたらされるという結果が報告されている．

　しかし，新製品をむやみに市場に送り出すだけでは成功する保証はない．確かに，市場に新製品をたくさん送り出せば，そのうちヒット商品となるものが出てくるかもしれない．しかし，失敗する新製品も多くなり，全体的に企業が損を被る結果になってしまう．新製品はあらゆる場面で失敗する可能性がある．消費者のニーズを満たすことができなかったり，投入時期が間違っていたり，競合他社が模倣してより安い価格で製品を提供したりするといった理由が挙げられる．したがって，企業の成長にとって欠かせないものである一方，新製品の投入には大きなリスクが伴う．

　また，新製品が消費者のニーズを満たすものであるとしても，消費者がその有用性を理解し，購買を決定するまでには時間がかかる．また消費者によって新製品の採用時期が異なっている．採用時期の異なる消費者の特性を把握することが新製品を普及させる上で重要である．したがって新製品マネージャーは，どの消費者がいつ新製品を採用するかといった情報を把握しなければならない．本章では，新製品に関する採用と普及について説明する．

　新製品の開発を考える企業はまず新製品の潜在需要を予測しなければならな

い．潜在需要を予測するとは，新製品を採用する潜在顧客のニーズを明確化し，その規模を把握することである．新製品の潜在需要を予測するためにいくつかのツールがあるが，本章ではバスモデルについて説明する．また，新製品が発売される前に潜在需要を予測するための反復購入モデルについても説明する．

6.1　新製品の種類

　新製品といっても市場には多様多種の新製品が存在する．既存品の改良版として出てくるものから，今までにない全く新しいものまである．新製品の新しさは消費者の採用時期と密接に関係している．既存製品の改良品であれば，消費者がその製品情報をほとんど持っており，採用時期が早くなるであろう．逆に全く新しい製品であれば，消費者の知覚リスクが大きくなり，採用に踏み切るまでに時間がかかるであろう．

　製品の新しさという観点からブーズ・アレン＆ハミルトン社は新製品を6つのカテゴリーに分類している．
1) これまでない製品：全く新しい市場に投入される新製品
2) 新しい製品ライン：既存の市場に投入される新製品
3) 既存製品ラインへの追加：自社の製品ラインに追加される新製品
4) 既存製品の改良：性能やデザインなどが改良・変更される既存製品
5) リポジショニング：新しい市場またはセグメントを狙った既存製品
6) コスト削減：より低いコストで生産される既存製品

6.2　新製品の採用

6.2.1　新製品の採用プロセス

　新製品はどのようにして見込み客に採用されるのだろうか．消費者が新製品を認知してすぐに採用することは滅多になく，個人差はあるものの新製品を採用するまでには一般的に時間がかかる．なぜなら，新製品が自分のニーズに合わなかったり，他人の評価がよくなかったり，新製品の性能が思っていたよりも低かったりするというリスクがあるからである．消費者はこういったリスク

を克服するために情報の探索を行い，この活動が新製品の採用を遅らせることになる．見込み客が新製品を認知してから採用に踏み切るまでのプロセスには5つの段階がある．

1) 認知：新製品の存在を初めて知る段階である．この段階では消費者の新製品に関する知識が限られている．
2) 関心：新製品が自分のニーズと何らかの関係を持っていると考え，新製品の情報をさらに探索しようという段階である．得られた情報をもとに消費者は新製品と既存製品との比較を行ったり，態度を形成したりする．消費者の情報活動は能動的に行われ，その情報源はマスメディアよりも口コミのような個人的なチャネルのものが多くなる．
3) 評価：情報を探索した後で，新製品が既存製品よりも優れているか否かを判断する段階である．新製品が既存製品に比べ自分のニーズをより満足させると判断すれば，好意的な態度と採用意向が形成される．
4) 試用：新製品に関する知覚リスクを低減させようと考える段階である．前の段階において好意的な態度と採用意向が形成されたが，消費者の持っているリスクが不完全であるため消費者は新製品の試用を行い，より確実に評価しようとする．
5) 採用：本格的に新製品を採用する段階である．この段階では，消費者は新製品に関する知覚リスクを克服しており，自分の意思決定に確信を持っている．

6.2.2 新製品の採用時期

新製品の普及速度は新製品の持つ特性によって決定されるが，消費者の特性によって消費者の間で新製品の採用時期に違いがある．Rogers (1962) は新製品の採用決定時間の平均値と標準偏差に基づいて，消費者を5つのカテゴリーに分類している．

1) 革新的採用者：新製品を最初に採用するのは革新的消費者である．革新的消費者は市場全体の 2.5％ を占めている．新製品について高い関心を持ち，積極的に情報を収集する．革新的消費者は不確実性によるリスクの許容度合いが非常に高く，冒険的に新製品を試用する場合が多い．革新

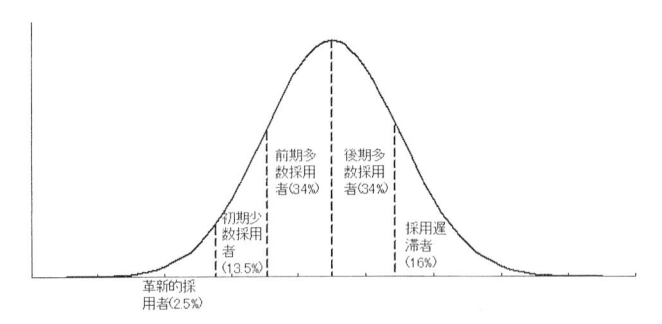

図 6.1 採用決定時間により分類される採用者のカテゴリー

的消費者は新製品の使用を開始するという重要な役割を果たしている.
2) 初期少数採用者：次に新製品を採用するのは初期少数採用者で13.5%を占めている．初期少数採用者は革新的採用者に比べリスクに対して慎重であるが，変化に対する志向は強い．通常は社会的経済的な地位が高く，オピニオンリーダーとして，その生活様式が他の潜在採用者の参考となる．市場全体に占める割合は少ないが，初期採用者を早い段階で獲得できるかどうかが新製品の成功を左右する．
3) 前期多数採用者：採用時期が市場の平均か，やや早い消費者である．前期多数採用者は市場全体の34%を占めている．新製品の採用に踏み切る前に，時間をかけて慎重に新製品の評価を行う．知覚リスクを克服するために家族や仲間からの信頼できる情報を収集する．
4) 後期多数採用者：新製品が市場の半分以上に採用された後に採用を決定する消費者である．前期多数採用者と同様，市場の34%を占めている．後期多数採用者はリスクに対して非常に敏感で，たとえ新製品の有用性を理解できても，不確実性が一掃されるまでは採用に踏み切らない．
5) 採用遅滞者：最後に新製品を採用するのは採用遅滞者と呼ばれる消費者で，市場全体の16%である．伝統を重んじ生活様式の変化を嫌う人々である．採用遅滞者は新製品に関する情報に対し消極的であるか，その情報を得にくい状況におかれていることが多い．また経済状況が不安定で，新製品の価格が安くなってから採用する消費者も，このカテゴリーに属している．

6.2.3 バスモデル

新製品の採用時期のほかに，市場規模も生産者にとって非常に重要な概念である．新製品に対する需要の大きさは新製品を投入する魅力度と直接に関わっている．生産者は新製品の市場規模を測定・予測することによって，新製品の投入に関する意思決定を行うことができる．本節では新製品の需要を測定・予測するための統計モデルであるバスモデル (Bass, 1969) について説明する．

バスモデルでは，市場を構成する消費者には 2 種類あると仮定されている．1 つは革新的採用者あるいはイノベーターと呼ばれる消費者である．イノベーターは，他人の影響を受けずに自発的に新製品を採用する．もう 1 つは追随者あるいはイミテーターと呼ばれる消費者である．イミテーターは，新製品を採用した消費者の影響を受けて新製品の採用を決定する消費者で，一般的に口コミなどを通じて採用済み消費者から新製品に関する情報を収集する．

新製品を採用する消費者の数を N とし，N のうち t 期までに採用した消費者の割合を $F(t)$ とする．したがって，t 期までに採用した消費者の数は $F(t)N$ であり，未採用者の数は $[1 - F(t)]N$ である．いま $f(t)$ を t 期における採用者の割合とおくと，t 期の新規採用による採用確率 λ_t は次のように表される．

$$\lambda_t = \frac{f(t)}{1 - F(t)} = p + qF(t-1) \tag{6.1}$$

式 (6.1) の λ_t は，t 期の時点ではまだ採用していないという条件のもとで，t 期に初めて採用する条件付き確率である．言い換えれば λ_t は t 期における新規採用者の割合とみなすことができる．また p と q はそれぞれイノベーター係数とイミテーター係数と呼ばれるものである．前者は毎期，未採用者の中から新製品を採用する消費者の割合であり，後者は未採用者に対する既存採用者の影響を表すものである．したがって式 (6.1) では，毎期の新規採用者は，新製品を自発的に採用するイノベーターと，既存の採用者の影響を受けて採用するイミテーターによって構成されるモデルになっている．イノベーターの割合は毎期一定であるが，イミテーターの割合は前期までにすでに採用した消費者の割合に依存する．

バスモデルは買換えの期間が長い耐久消費財のような製品を分析対象としている．したがって，予測期間において t 期の採用者数 $S(t) = f(t)N$ を当期の

売上げとみなすことができる．上の式を用いて t 期の売上げを次のように表すことができる．

$$S(t) = f(t)N = (p+qF(t-1))(1-F(t-1))N \qquad (6.2)$$

上の式からわかるように，新製品の将来の売上げを予測するには p, q と N の値を知らなければならない．ところが p, q と N の値は一般的に知られていない母数である．したがって，これらの値を推定しなければならない．p, q と N を推定するために，いま t 期までにすでに採用した消費者の数を $N(t) = F(t)N$ とおけば，売上げは次のように表すことができる．

$$S(t) = pN + (q-p)N(t-1) - \frac{q}{N}N(t-1)^2 = a + bN(t-1) + cN(t-1)^2 \quad (6.3)$$

ただし，$a = pN$, $b = (q-p)$, $c = -\frac{q}{N}$ である．上の式は回帰式になっているので，$S(t)$ と $N(t)$ の情報を与えられれば回帰分析を行うことにより母数を推定することができる．通常は新製品が市場に投入されてから，短期間の $N(t)$ のデータを用いてパラメータを推定する．したがって，バスモデルは新製品が発売されてから市場規模を予測することになる．

イノベーター係数 p とイミテーター係数 q の大きさは製品カテゴリーの特徴によって異なっている．知覚リスクが小さく，新製品の情報が消費者に早い段階で伝達される商品カテゴリーの場合，自発的に新製品を採用する消費者が多くなるため，p の値が大きくなる．反対に，知覚リスクが大きく，採用に踏み切る前に信頼性の高い情報を求める消費者が多い場合，q の値が大きくなる．

6.2.4 データと推定

実際のデータを使ってバスモデルの分析を行ってみよう．表 6.1 は，ある国産小型車の販売台数のデータである．データは月次のデータで，12ヶ月の販売台数を記録している．バスモデルを使ってこの市場の規模，イノベーター率とイミテーター率を推定しよう．

パラメータ a と b の推定値は有意水準 1% で有意であるが，パラメータ c は有意ではないので結果の出力には表示されない．c の推定値は 0 に近い値をとっているが，これを 0 とみなさず a, b, c の推定値をそのまま用いてイノベー

6.2 新製品の採用

表 6.1 ある小型車の販売台数データ

販売月	販売台数	累積販売台数	販売月	販売台数	累積販売台数
1	4406	4406	7	7174	54676
2	6952	11358	8	4015	58691
3	12090	23448	9	6296	64987
4	8213	31661	10	5295	70282
5	8201	39862	11	4989	75271
6	7640	47502	12	4289	79560

率とイミテーター率を求めると，$p = 0.114$，$q = 0.118$ である．また市場規模 N の推定値は 9 万 1023 台である．

R による分析例：バスモデル

表 6.1 で示すデータは t 期の売上げ $S(t)$ と t 期までに採用する消費者の数 $N(t)$ を含んでいるが，$N(t)$ を 1 期ずらして $S(t)$~$N(t-1)$ のデータをまず用意する．このデータを例えば carsales.txt として保存する．次にこのデータを使って式 (6.3) の回帰モデルを推定する．回帰分析のための R コードおよび推定結果は次のとおりである．

```
> data<-read.table("C:/RW/carsales.txt",header=T)
> bass<-lm(Nt~Ft.1+Ft.1^2,data=data)
> summary(bass)
-------------------------------------------------------
Call:
lm(formula = Nt ~ Ft.1 + Ft.1^2, data = data)

Residuals:
   Min     1Q  Median    3Q    Max
-2811.3 -170.2  123.3  540.6 2843.6

Coefficients:
             Estimate  Std. Error  t value  Pr(>|t|)
(Intercept) 1.009e+04  1.008e+03   10.012   3.54e-06 ***
Ft.1       -7.435e-02  2.041e-02   -3.642   0.00539 **
---
Signif. codes:  0 '***' 0.001 '**' 0.01 '*' 0.05 '.' 0.1 ' ' 1

Residual standard error: 1538 on 9 degrees of freedom
Multiple R-squared: 0.5957,    Adjusted R-squared: 0.5508
F-statistic: 13.26 on 1 and 9 DF,  p-value: 0.005386
-------------------------------------------------------
```

図 6.2 バスモデルの R コードと推定結果

バスモデルではパラメータの推定値を用いて将来の売上げを予測することができる．以下の表 6.2 で販売の第 13～26 期の予測値を示している（第 14～25 期のデータは省略）．第 26 期になると累積採用者の割合が 99% 以上になり，ほとんどの人がすでに製品を採用していることがわかる．また図 6.3 は実現値と予測値のグラフを示している．

表 6.2 バスモデルによる販売台数の予測 (%)

期間	$\frac{S(t)}{N} \times 100\%$(a)	$\sum_t \frac{S(t)}{N} \times 100\%$(b)	$100\% - $(b)
0	0.00	0.00	100.00
1	7.61	7.61	92.39
2	8.05	15.66	84.34
3	8.58	24.24	75.76
4	9.02	33.26	66.74
5	8.96	42.22	57.78
6	8.62	50.84	49.16
7	8.04	58.88	41.12
8	7.28	66.16	33.84
9	6.75	72.91	27.09
10	5.79	78.70	21.30
11	4.85	83.55	16.45
12	3.86	87.41	12.59
13	2.92	90.33	9.67
...	...	...	...
26	0.08	99.87	0.13

バスモデルは新製品が発売された後，最初の短い期間の売上げデータを用いて市場規模を予測するものである．バスモデルは非常にシンプルで，パラメータの推定も簡単にできる．しかし，企業としては新製品を発売する前に，新製品の長期的なシェアまたは売上げを予測したいものである．新製品には様々なリスクが伴う．そしてそれらのリスクは新製品開発の段階が後になるほど積み重ねられ，大きくなる．つまり，発売前と発売後の失敗による損失を比べると，発売後の方がはるかに大きいということである．したがって，早い段階で新製品に関する不確定要素を取り除くことが非常に重要である．新製品が市場に投入される前の段階で新製品の長期的な売上げ・シェアを予測するためのモデルとして ASSESSOR モデルと TRACKER モデルの 2 つがあるが，本章では議論しない．関心のある読者は，古川ほか (2003) などを参照するとよい．

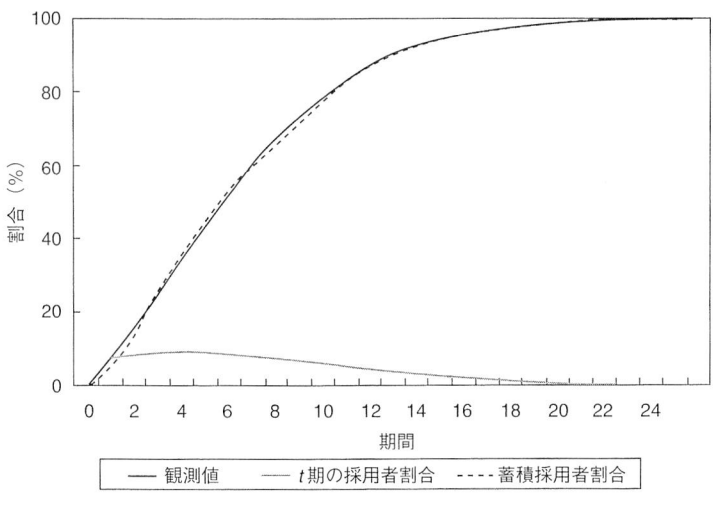

図 6.3 販売台数の実現値と予測値のグラフ

参 考 文 献

1) Bass, F. M. (1969), "A new product growth model for consumer durables," *Management Science*, **15**, 215–227.
2) Rogers, E. M. (1962), *Diffusion of Innovations*, Free Press.
3) 古川一郎, 守口 剛, 阿部 誠 (2003), マーケティング・サイエンス入門, 有斐閣.

7 顧客関係性マネジメント

7.1 顧客関係性マネジメント (CRM) の概念

　顧客関係性マネジメントまたは CRM(customer relationship management) とは，企業が顧客との良好な関係を構築・維持・育成することで顧客から得られる長期的な収益を最大化しようとする経営手法である．CRM の焦点は製品ではなく，顧客との関係と顧客価値である．顧客との良好な関係を構築・維持・育成するためには，常に顧客のニーズを把握し，あらゆる顧客接点においてそのニーズを満足させなければならない．長期的な収益の拡大が最大の目的であるため，CRM は継続的な顧客管理のプロセスとして捉えられるべき概念である．

　近年，CRM を導入する企業が増えてきている．これにはいくつかの理由が考えられる．まず，企業間の技術格差が縮小し，製品差別化による競争優位の確立が困難になったことが挙げられる．製品差別化は競争優位の源泉の1つであるが，その実現が困難になると企業は価格競争に陥りやすく，最終的に利益が圧迫されることになる．次に消費者のニーズの多様化である．同じ製品カテゴリーの中でも，使用状況や気分によって消費者が選択するブランドが異なるのは稀なことではない．これはある意味，特定のブランドに対する消費者のロイヤルティが低下してきていることの表れでもある．そのため，収益を改善するにはいかにロイヤルティを維持・強化するかが鍵となる．さらに，新規顧客獲得費用の急増も挙げられる．新規顧客の獲得は，既存顧客の維持と並んで長期的な売上げの重要な要素である．ただし平均的に，新規顧客獲得費用は既存顧客維持費用の5倍にもなると言われている．したがって新規顧客の獲得よりも，既存顧客の維持に資源を集中的に投資した方が効率的であるともいえる．

CRMの基本的な考え方は顧客ライフサイクルの存在にある．顧客は潜在顧客から新規顧客になり，それからコア顧客へと成長し何らかのきっかけをもとに，最終的に企業との取引きから離脱していく（購入を止める）というプロセスである．CRMの目的は顧客ライフサイクルの期間をできるだけ長くすること，そしてその期間の中で顧客の価値を最大化することである．企業との取引きを開始してから離脱するまでの間に顧客がもたらす収益を顧客生涯価値 (CLV：customer lifetime value) という．ライフサイクルの期間が長ければ長いほど，顧客との取引き機会が増えるので CLV を高めることができる．また期間が同じでも，その期間中の顧客の購買頻度や購買金額が増加すれば，より高い CLV を得ることができる．

CRM は将来にわたる顧客との関係の管理であるので，顧客の維持には常に不確実性がつきまとっている．統計的モデルは，顧客の長期的な関係に関する不確実性の要因を捉え，将来何が起こるかを予測するために役に立つ．次節以降では顧客生涯価値，RFM 分析，顧客の獲得と維持，追加販売の諸概念を説明し，これらに関する統計モデルを説明する．

7.2　顧客生涯価値

7.2.1　顧客生涯価値の概念

CRM を実施する企業は，CRM の成果を評価する際にいくつかの尺度を用いることができる．例えば売上げやマーケットシェアである．しかし，売上げやマーケットシェアは CRM 活動成果の全体を集約するものであり，マーケティングマネージャーにとって有用な情報は限られている．継続的な CRM 活動を行う企業にとっては，将来の売上げ，顧客1人あたりのマージンとコスト，顧客の反応率，顧客の維持率などの情報を含んだ尺度が必要である．こういった尺度により，CRM の成果の評価だけではなく，CRM の成果に影響する要因をより細かく分析することができる．そのほか，異なった特性や反応を持った顧客に対して適切なオファーを提供する際にも活用できる．本節では上述の特性を持った尺度として顧客生涯価値 (CLV) について説明する．

顧客生涯価値とは，顧客の初回購買から最後の購買に至るまでの，当該顧客

から得られた収益の現在価値のことである．顧客生涯価値は顧客が企業との取引きを開始してから顧客として離脱するまでの間，当該顧客がもたらす収入からコストを引いた後の割引き現在価値である．この定義にはいくつかの重要な点が含まれている．1つは，顧客生涯価値を測定するには将来の売上げを予測しなければならない点である．売上げを正確に予測するためには顧客維持率の正確な推定が必要である．それから顧客1人あたりに必要なマーケティングコスト（維持コスト）を計算しなければならないし，また，現在価値の評価をするための割引き率を決定しなければならない．顧客全体の生涯価値の合計は顧客エクイティ CE(customer equity) という．

7.2.2 顧客生涯価値の測定

顧客生涯価値の測定には分析単位によって2つのアプローチがある．1つは集計レベルの顧客生涯価値の測定である．集計レベルの測定にあたっては，顧客全体の平均値を用いて顧客生涯価値を測定する．これには Berger and Nasr (1998), Gupta and Lehman (2003), Blattberg, et al. (2001) のモデルがある．2つ目のアプローチは顧客レベル（非集計）の顧客生涯価値の測定である．これは顧客レベルの情報を用いて顧客1人1人の生涯価値を計算してから全体の価値を求めるものである．例として，Venkatesan and Kumar (2004) のモデルが挙げられる．まず集計レベルの顧客生涯価値の測定から見ることにする．

a. 集計レベルの顧客生涯価値

Berger and Nasr (1998) の顧客生涯価値モデルを説明しよう．このモデルは2つの仮定から成り立っている．1つ目の仮定は，消費者の購買は1年に1回のみ発生するというものである．2つ目の仮定は，顧客の維持費 C，維持率 r と，顧客から得られるマージン M が時間とともに変化するわけではないというものである．このモデルは次式で表される．

$$CLV = \left\{ M \times \sum_{t=0}^{T} \left[\frac{r^t}{(1+d)^t} \right] \right\} - \left\{ C \times \sum_{t=1}^{T} \left[\frac{r^{t-1}}{(1+d)^{t-0.5}} \right] \right\} \quad (7.1)$$

ただし，T と d はそれぞれ測定期間と割引き率を表している．上の式では，顧客生涯価値は，各期に顧客から得られるマージンの割引き現在価値から維持費を引いた合計になっていることがわかる．

7.2 顧客生涯価値

マージンは時間とともに変化するわけではないので，期間 t のマージンは $M_t = M$ であるが，これは顧客がその期間に生存している（離脱していない）ことが条件である．顧客が離脱すれば当然マージンはゼロである．ところが期間 t までに顧客が生存する確率（生存率）が r^t で，離脱する確率が $1 - r^t$ であるから，期間 t における期待マージン $E(M_t)$ は次のように書くことができる．

$$E(M_t) = M \cdot r^t + 0 \cdot (1 - r^t) = M \cdot r^t \tag{7.2}$$

このモデルでは維持率を不変と仮定しているが，現実には維持率が時間とともに変化すると考える方が自然である．維持率が時間とともに変化する場合，期待マージンは次の一般的なモデルで表すことができる．

$$E(M_t) = M \cdot r(t)^t + 0 \cdot (1 - r(t)^t) = M \cdot S(t) \tag{7.3}$$

ただし，$r(t)$ は期間 t の維持率を表し，$S(t) = r(t)^t$ は期間 t における生存率を表している．

$S(t)$ を推定するためによく使われるのがハザードモデルである．T を顧客の離脱期間を表す確率変数としたとき，ある期間 t まで顧客が生存して，その直後（期間 $t+h$）に離脱する確率をハザード関数 $h(t)$ と呼び，次のように表す．

$$h(t) = \lim_{h \to 0} \frac{P[t \leq T \leq t+h | T \geq t]}{h} = \frac{f(t)}{1 - F(t)} \tag{7.4}$$

ただし，$f(t)$ は確率変数 T の密度関数であり，$F(t) = \int_0^t f(x)dx$ はその分布関数である．ここで $F(t)$ は t 期までに顧客が離脱する確率を表しているので，$F(t) = 1 - S(t)$ という関係が成り立っている．上の式を t に関して積分して整理すると，以下のような関係が得られる．

$$S(t) = \exp\left[-\int_0^t h(u)du\right] \tag{7.5}$$

ハザード関数 $h(t)$ は期間 t における維持率と考えることができる．上述のとおり維持率は時間とともに変化すると考えられるが，これをモデル化するために T がパラメータ λ と γ を持つワイブル分布に従うと仮定することができる．つまり，

$$f(t) = \lambda\gamma(\lambda t)^{\gamma-1}\exp(-\lambda t)^{\gamma} \tag{7.6}$$

である.このとき生存率 $S(t)$ とハザード関数 $h(t)$ は次のようになる.

$$S(t) = \exp(-\lambda t)^{\gamma} \tag{7.7}$$

$$h(t) = \lambda\gamma(\lambda t)^{\gamma-1} \tag{7.8}$$

式 (7.8) を見ればわかるようにハザード関数は期間 t によって変化するが,その変化の仕方はパラメータ γ に依存する. $\gamma < 1$ であればハザード関数は時間とともに減少していくが, $\gamma > 1$ であれば増加する.図 7.1 はワイブル分布のハザード関数を示している.ここでは $\lambda = 0.1$ に固定し, $\gamma = 0.5, 1.4$ の 2 つのケースの維持率(ハザード率)が示されている.

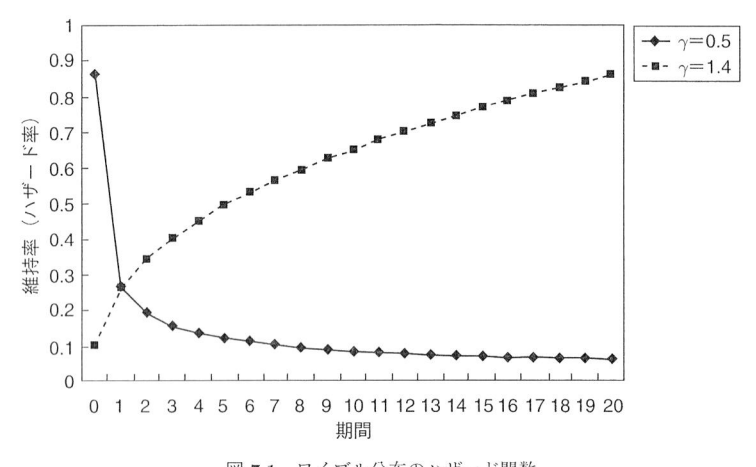

図 7.1 ワイブル分布のハザード関数

b. 非集計レベルの顧客生涯価値

非集計レベルのアプローチでは,顧客 1 人 1 人の情報を用いて生涯価値が測定される.このアプローチでは,顧客生涯価値は顧客から得られるキャッシュフローの合計の割引き現在価値として定義される.したがって,CLV は消費者の将来の行動に大きく依存しており,それをどの程度正確に予測できるかが測定精度の鍵となる.非集計モデルの 1 つ,Venkatesan and Kumar(2004) のモ

デルでは，顧客 i の生涯価値 CLV_i を次のように表す．

$$CLV_i = \left\{\sum_{t=0}^{T_i}\left[\frac{CM_{it}}{(1+d)^{t/freq_i}}\right]\right\} - \left\{\sum_{l=1}^{n}\left[\frac{\sum_m c_{iml} \times x_{iml}}{(1+d)^{l-1}}\right]\right\} \quad (7.9)$$

$CM_{it} = $ 購買機会 t における顧客 i のもたらす予測マージン，

$c_{iml} = $ チャネル m における顧客 i の l 年目の維持コスト，

$x_{iml} = l$ 年目のチャネル m における顧客 i との接触回数，

$freq_i = $ 顧客 i の予測平均購買頻度，

$n = $ 測定期間（年数），

$T_i = $ 測定期間中の顧客 i の予測購買回数

式 (7.9) の右辺の第 1 項は，顧客 i から得られる合計マージンの割引現在価値を表している．ただし，マージン乗数 $(1/(1+d)^{t/freq_i})$ は顧客の平均購買頻度に依存する．平均購買頻度が大きければマージン乗数が大きくなる．右辺の第 2 項は，顧客を維持するために費やすマーケティングコストの割引現在価値である．ここでは企業はいくつかのコミュニケーションチャネル（ダイレクトメール，訪問販売など）を利用して，顧客の維持活動を行っていると仮定されている．マージンの割引現在価値からマーケティングコストの割引現在価値を引いたものが顧客生涯価値となる．

集計レベルのモデルも非集計レベルのモデルも顧客エクイティ CE の計算に用いることができる．いずれも CLV を顧客全体について合計するもので，集計モデルの場合 $CE = N \cdot CLV$，非集計モデルの場合 $CE = \sum_i CLV_i$ と求められる．

7.3　RFM 分析

7.3.1　RFM 分析の概念

企業は顧客生涯価値を高めるために，顧客の購買を喚起させる様々なマーケティング活動を行っている．例えば，新製品や価格プロモーションの情報を載せたダイレクトメール配布の例が挙げられる．ただし，ダイレクトメールのような企業のオファーに対する顧客の反応率は非常に低いというのが現状である．そのためマーケティングコストが収益を上回る結果になってしまう場合が少な

くない．マーケティング活動を効率的に行うためにはマーケティングオファーに対する顧客の反応を明確にし，反応率の高いと思われる顧客をターゲットにしなければならない．

本節では，ターゲット顧客を選定するための手法の1つである RFM 分析について説明する．RFM 分析とは，顧客の最新購買日 R(recency)，購買頻度 F(frequency)，購買金額 M(monetary) に基づいて顧客をスコアリングまたは分類する方法である．マーケティングマネージャーは顧客のスコアに基づいてターゲット顧客を決定し，適切なオファーの内容や伝達方法を展開することができる．

最新購買日 R とは，製品を最後に購入した時期である．例えば1ヶ月前，1年前というように最後の購買から現在までの経過時間である．購買頻度 F は，ある一定期間（1ヶ月または1年間）の顧客の購買回数である．そして購買金額 M は，顧客のある期間における平均購買金額を指している．

RFM 分析は顧客ターゲティングにおいて最もよく使われている手法である．その理由として，実務者の間で最新購買日 R，購買頻度 F，購買金額 M は消費者の反応の決定要因になっていると考えられるからである．最新購買日 R と顧客反応には負の関係があると考えられる（図 7.2 参照）．つまり，直近の購買日が長い人ほどマーケティングオファーに反応する確率が小さくなる．3ヶ月前に買った顧客と1年前に買った顧客とでは前者の反応の方が期待できる．一方，購買頻度 F と購買金額 M は反応率と正の相関を持っていると考えられる．頻繁に購入している人，購買金額が大きい人ほど反応が期待できる．

7.3.2 ANOVA による RFM 分析

ANOVA(analysis of variance：分散分析) の目的は，最新購買日 R，購買頻度 F，購買金額 M の反応率への効果を調べることである．R,F,M のそれぞれの効果（主効果）だけではなく，それらの変数間の交互効果も分析される．主効果はそれぞれの変数の単独効果を捉えるものであり，交互効果は変数間の交互作用による効果を捉えるものである．例えば，最新購買日 R は単独で負の効果を持っているが，購買頻度 F の水準によって効果が大きく異なる場合がある．

ANOVA を行うために，まず RFM 変数をカテゴリー変数に変換する必要が

7.3 RFM 分析

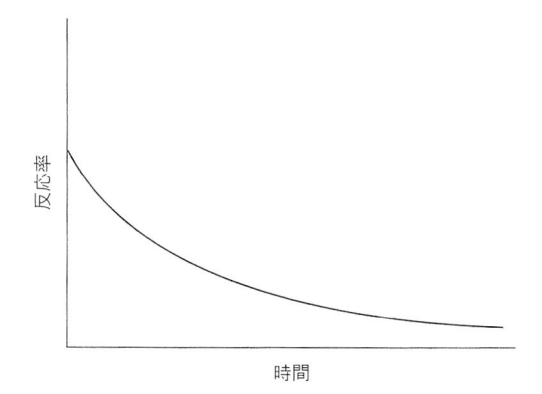

図 7.2 最新購買日と反応率の関係

表 7.1 RFM 変数のカテゴリー化

	RFM 変数の値		
	1	2	3
最新購買日 R	6 ヶ月未満	6 ヶ月以上 1 年未満	1 年以上
購買頻度 F	20 回以上	10 回以上 20 回未満	10 回未満
購買金額 M	5 万円以上	3 万円以上 5 万円未満	3 万円未満

ある．RFM 変数は本来，連続型変数であるが，ここではこれらの変数をカテゴリー化する．例えば RFM 変数をそれぞれ 3 カテゴリー変数に変換した場合，RFM 変数のとりうる値は 1, 2, 3 になる．表 7.1 で示すように $R = 1$ は最新購買が 6 ヶ月以内，$R = 2$ は 6 ヶ月以上 1 年未満というようにカテゴリー化することができる．購買頻度 F と購買金額 M についても同じようにカテゴリー化がなされる．

a. ANOVA モデル

ANOVA による RFM 分析では，次式で示すモデルを用いる．ここで，簡単のために最新購買日 R と購買頻度 F の 2 つの変数だけを考える．

$$y_{ijk} = \mu + \alpha_j + \beta_k + \gamma_{jk} + \epsilon_{ijk} \tag{7.10}$$

$$i = 1, 2, \cdots, N, \quad j = 1, 2, \cdots, J, \quad k = 1, 2, \cdots, K, \quad \epsilon_{ijk}^{(i)} \sim N(0, \sigma)$$

y_{ijk} は，最新購買日が j で購買頻度が k の，第 i 番目の顧客のダイレクトメールに対する反応率である．μ は全体の平均効果，α_j は最新購買日が j のときの最新購買日の主効果，β_k は購買頻度が k のときの購買頻度の主効果，γ_{jk} は最

新購買日が j で購買頻度が k のときの交互効果である．

いま，最新購買日と購買頻度の主効果の平均を次のように定義する．

$$\alpha_. = \frac{1}{J}\sum_{j=1}^{J}\alpha_j \tag{7.11}$$

$$\beta_. = \frac{1}{K}\sum_{k=1}^{K}\beta_k \tag{7.12}$$

同じように，交互効果の最新購買日と購買頻度に関する平均を次のように定義する．

$$\gamma_{.k} = \frac{1}{J}\sum_{j=1}^{J}\gamma_{jk} \tag{7.13}$$

$$\gamma_{j.} = \frac{1}{K}\sum_{k=1}^{K}\gamma_{jk} \tag{7.14}$$

主効果 (α_j, β_k) と交互効果 (γ_{jk}) を推定するためには，以下の条件を設定する必要がある．

$$\alpha_. = 0, \quad \beta_. = 0, \quad \gamma_{.k} = 0, \quad \gamma_{j.} = 0 \tag{7.15}$$

パラメータの推定には最小二乗法を用いることができる．この推定法では，残差平方和

$$\sum_{ijk} e_{ijk}^2 = \sum_{ijk}(y_{ijk} - \mu - \alpha_j - \beta_k - \gamma_{jk})^2 \tag{7.16}$$

を最小にするような $\alpha_j, \beta_k, \gamma_{jk}$ を求める．パラメータの最小二乗推定量は以下のとおりになる．

$$\hat{\mu} = \frac{1}{NJK}\sum_{ijk} y_{ijk} = \bar{y}_{...} \tag{7.17}$$

$$\hat{\alpha}_j = \frac{1}{NK}\sum_{ik} y_{ijk} - \frac{1}{NJK}\sum_{ijk} y_{ijk} = \bar{y}_{.j.} - \bar{y}_{...} \tag{7.18}$$

$$\hat{\beta}_k = \frac{1}{NJ}\sum_{ij} y_{ijk} - \frac{1}{NJK}\sum_{ijk} y_{ijk} = \bar{y}_{..k} - \bar{y}_{...} \tag{7.19}$$

$$\hat{\gamma}_{jk} = \bar{y}_{.jk} - \bar{y}_{.j.} - \bar{y}_{..k} + \bar{y}_{...} \tag{7.20}$$

ただし，$\bar{y}_{.jk} = \frac{1}{N}\sum_i y_{ijk}$ である．

b．パラメータの仮説検定

以上，ANOVA による RFM 分析のパラメータの推定方法を述べた．次に，

パラメータの推定値の有意性検定について説明する．ここで，主効果と交互効果が0ではないことを検定するが，例えば最新購買日Rの検定について以下の帰無仮説を設定することができる．

$$H_0: \alpha_1 = \alpha_2 = \cdots = \alpha_J = 0 \quad (7.21)$$

主効果と交互効果の推定値を検定するために，まず平均平方和という統計量を紹介する必要がある．最新購買日，購買頻度と交互効果の平均平方和 $MSR, MSF, MSRF$ をそれぞれ次式で示す．

$$MSR = \frac{NK}{J-1} \sum_j (\bar{y}_{.j.} - \bar{y}_{...})^2 \quad (7.22)$$

$$MSF = \frac{NJ}{K-1} \sum_k (\bar{y}_{..k} - \bar{y}_{...})^2 \quad (7.23)$$

$$MSRF = \frac{N}{(J-1)(K-1)} \sum_{jk} (\bar{y}_{.jk} - \bar{y}_{.j.} - \bar{y}_{..k} + \bar{y}_{...})^2 \quad (7.24)$$

もう1つ重要な統計量である平均残差平方和 MSE を次式で示す．

$$MSE = \frac{1}{JK(N-1)} \sum_{ijk} (\bar{y}_{ijk} - \bar{y}_{.jk})^2 \quad (7.25)$$

最新購買日の主効果の検定統計量は $F_R = \frac{MSR}{MSE}$ である．この統計量は自由度 $(J-1, JK(N-1))$ の F 分布に従うことが知られている．したがって，最新購買日の主効果の検定には F 検定を用いることができる．購買頻度の主効果，交互効果も同じように $F_F = \frac{MSF}{MSE}, F_{RF} = \frac{MSRF}{MSE}$ 統計量を用いて F 検定を行うことができる．

R による分析例

次に，ANOVA による RFM 分析を以下の仮想データを用いてやってみよう（表 7.2 参照）．このデータは40人の顧客の反応率に関する記録である．40人の顧客は最新購買日と購買頻度によって4グループに分類される．最新購買日と購買頻度は2段階カテゴリー変数に変換されている．最新購買日の場合，1は1年未満で，2は1年以上としよう．また購買頻度の場合，1は10回以上で，2は10回未満としよう．

図 7.3 は最新購買日と購買頻度の平均反応率 $\bar{y}_{.jk}(j=1,2,\ k=1,2)$ を

表 7.2 RFM 変数と反応率の仮想データ

最新購買日	1		2	
購買頻度	1	2	1	2
1	0.29	0.22	0.24	0.12
2	0.32	0.25	0.23	0.14
3	0.18	0.23	0.29	0.21
4	0.25	0.14	0.28	0.13
5	0.27	0.17	0.31	0.17
6	0.31	0.25	0.19	0.05
7	0.37	0.29	0.17	0.09
8	0.22	0.15	0.26	0.21
9	0.29	0.20	0.27	0.13
10	0.35	0.24	0.29	0.19

示している．図からわかるように，最新購買日が 1 年未満の顧客の平均反応率は 1 年以上の顧客に比べて高い．また上方のグラフは購買頻度が 10 回以上の顧客の反応率を示しており，購買頻度が高い顧客グループの反応率は購買頻度が低いグループに比べて高いことがわかる．

図から直感的に最新購買日と購買頻度の反応率への効果が読み取れるが，実際にこの 2 つの変数が効果を持っているかどうかを検定しよう．ANOVA の検定の R コードと分析結果を図 7.4 で示す．

分析結果を見ると最新購買日と購買頻度の主効果は有意であるが，交互効果は有意ではない．つまり，これらの変数は顧客の反応率に影響を与えるが，一方の変数の効果はもう一方の変数の水準に影響されない．

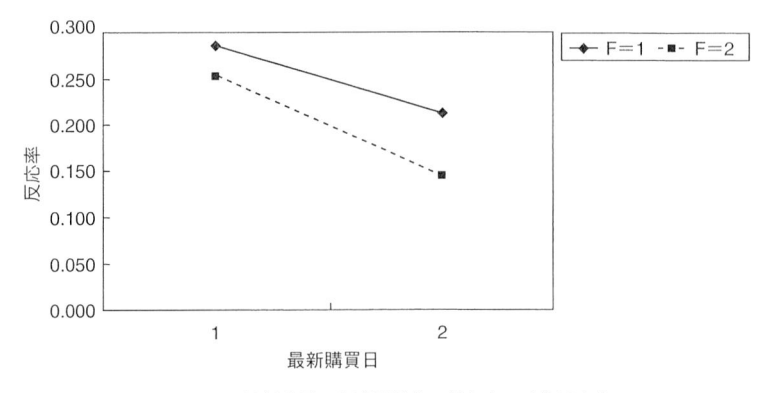

図 7.3 最新購買日と購買頻度に対応する平均反応率

7.4 新規顧客の獲得と維持

```
>反応率<-c(0.29,0.32,0.18,0.25,0.27,0.31,0.37,0.22,0.29,0.35,0.22,0.25,
0.23,0.14,0.17,0.25,0.29,0.15,0.2,0.24,0.24,0.23,0.29,0.28,0.31,0.19,0.17,
0.26,0.27,0.29,0.12,0.14,0.21,0.13,0.17,0.05,0.09,0.21,0.13,0.19)
>最新購買日<-c(1,1,1,1,1,1,1,1,1,1,1,1,1,1,1,1,1,1,1,1,2,2,2,2,2,2,2,2,2,2,
2,2,2,2,2,2,2,2,2,2)
>購買頻度<-c(1,1,1,1,1,1,1,1,1,1,2,2,2,2,2,2,2,2,2,2,1,1,1,1,1,1,1,1,1,2,2,
2,2,2,2,2,2,2,2,2)
>anov<-aov(反応率~最新購買日*購買頻度)
> summary(anov)
```

```
                     Df  Sum Sq   Mean Sq  F value   Pr(>F)
最新購買日            1  0.026010 0.026010  9.9676  0.003217 **
購買頻度              1  0.081000 0.081000 31.0411  2.599e-06 ***
最新購買日:購買頻度   1  0.003610 0.003610  1.3834  0.247236
Residuals           36  0.093940 0.002609
---
Signif. codes:  0 '***' 0.001 '**' 0.01 '*' 0.05 '.' 0.1
```

図 7.4　ANOVA の R コードと分析結果

7.4　新規顧客の獲得と維持

　新規顧客の獲得と顧客の維持は CRM の重要な要素である．新規顧客の獲得は顧客との関係の始まりである．有望な顧客を獲得することができれば，企業は長期的な利益の確保を期待できる．獲得段階における活動は次の段階に大きな影響を与える．また，顧客の維持戦略は，企業の収益の重要な源泉であるコア顧客を維持・育成するという意味で大きな役割を担っている．新規顧客の獲得と顧客の維持は，顧客生涯価値の規定要因でもある．獲得率と維持率のわずかな上昇が顧客生涯価値の大幅な増加につながる場合がある．したがって，新規顧客の獲得と維持をいかに効率的かつ効果的に行えばよいかを考えなければならない．本節では新規顧客の獲得と顧客の維持戦略について議論する．

7.4.1　新規顧客の獲得戦略

　新規顧客の獲得とは，潜在顧客を初回の購買に導き固定顧客化する企業の活動である．企業はターゲット潜在顧客を選定し，ダイレクトメールや訪問販売などの方法で新規顧客を獲得する．ただし，新規顧客の獲得はターゲット顧客が

初回購買を行った時点で完結するものではなく，その後のアフターサービスなども新規顧客獲得活動の中に入っている．というのは，初回購買において100%の確率で新規顧客が製品やサービスに満足し，次回の購買機会で再び自社の製品やサービスを購入するとは限らないからである．したがって顧客獲得活動は，顧客が製品やサービスに満足し，リピート購買を決める段階までの活動として理解しなければならない．

新規顧客の獲得には膨大な費用がかかるが，企業の成長だけではなく企業の存続にとっても無視できない活動である．なぜなら，企業は既存顧客を完全に維持することはできないからである．そのため，新規に顧客を獲得できなければ既存の顧客ベースは確実に減少していく．

ただし，膨大な費用を使ってすべての潜在顧客に対してダイレクトメールを送れば良いというわけではない．顧客獲得を効率的かつ効果的に行うためには，顧客を戦略的に管理しなければならない．Blattberg, et al. (2001) が提案した顧客獲得戦術の管理 (ACTMAN) モデルでは，効率的な顧客獲得のために次のような一連の意思決定が必要とされる．

1) ターゲットの設定
2) 製品やサービスのコミュニケーションとポジショニング
3) 価格の設定
4) 初回購買
5) 使用経験と満足度

潜在顧客の反応率は様々である．高い反応率を持っている顧客もいれば，反応率が低い顧客もいる．獲得コストの効率性を上げるには潜在顧客の反応率を明確にし，高い反応率を持っている顧客をターゲットにしなければならない．ターゲットとする顧客を決定したら，次に自社製品を認知してもらう必要がある．そのためには適切なコミュニケーション手段を用いなければならない．それと同時に，自社製品またはサービスが他社に比べてどんなベネフィットを提供するかといったポジショニングも構築しなければならない．次に製品やサービスの価格を決定するが，一般的に価格を低く設定すれば獲得率は上がり，高く設定すれば下がる．ここで重要なのは，獲得率と収益率のバランスがとれる価格水準をいかに決定すればよいかである．次に企業のオファーに興味を持った

顧客に対してトライアル購買（試し買い）を促進する．企業は様々なプロモーション手段を用いてトライアル購買を促すことができる．ただ，過剰なプロモーションはトライアル率を上げる一方で，低価格に対する期待を形成させることもあるので，注意しなければならない．最後に，トライアル購買を行った顧客を確実に固定顧客にするためには，顧客が満足していることを確認し，その満足感を持続させなければならない．そのためには顧客の満足度を上げるための顧客サービスを決定しなければならない．

プロビットモデルによる顧客獲得分析

ここでは表7.3の仮想データを用いて顧客獲得の分析を行う．分析手法としては，第5章で説明した二項プロビットモデルを用いる．分析の目的は顧客獲得に影響を与える要因を調べ，その情報を用いて効率的なターゲティングを行うことである．このデータは，ある企業が過去に行った獲得活動に対する顧客の反応と特性データである．反応変数は，顧客が反応したときは1，反応しないときは0である．収入は100万円単位である．

図7.5はプロビットモデルの分析結果を示している．家族人数のパラメータの推定値は有意ではないが，収入のそれは有意である．これは収入が高い人ほど，企業の獲得オファーに反応しやすいということになる．効率的な獲得活動を行おうとするのであれば，なるべく収入の高い層を狙うべきである．図7.6は収入と反応率の予測値を示しており，収入が550万円以上の人の反応率がほぼ1になっていることがわかる．

表 7.3　顧客特性と顧客反応の仮想データ

顧客番号	反応	家族人数	収入	顧客番号	反応	家族人数	収入
1	1	2	4.57	11	0	5	4.20
2	0	3	4.34	12	0	4	3.75
3	1	4	5.60	13	1	2	6.45
4	1	3	5.43	14	1	4	5.37
5	0	5	3.78	15	0	3	4.33
6	0	2	5.10	16	0	3	3.10
7	1	3	4.95	17	1	4	4.84
8	0	3	3.20	18	0	5	3.48
9	1	4	4.76	19	1	2	5.30
10	0	3	3.90	20	1	5	5.25

```
> data<-read.table("C:/RW/probit.txt",header=T)
> prob<-glm(反応~家族人数+収入,family=binomial(link="probit"),
    data=data)
> summary(prob)
-----------------------------------------------------------------
Deviance Residuals:
    Min       1Q    Median      3Q      Max
-1.894290  -0.152090 -0.000301  0.188269  1.659285

Coefficients:
            Estimate  Std. Error  z value  Pr(>|z|)
(Intercept) -15.4954    6.9552    -2.228   0.0259 *
家族人数      0.3615    0.5082     0.711   0.4770
収入          3.0866    1.2964     2.381   0.0173 *

Signif. codes:  0 '***' 0.001 '**' 0.01 '*' 0.05 '.' 0.1 ' ' 1

(Dispersion parameter for binomial family taken to be 1)
    Null deviance: 27.726  on 19  degrees of freedom
Residual deviance:  9.215  on 17  degrees of freedom
AIC: 15.215
Number of Fisher Scoring iterations: 8
-----------------------------------------------------------------
```

図 7.5 プロビットモデルの R コードと分析結果

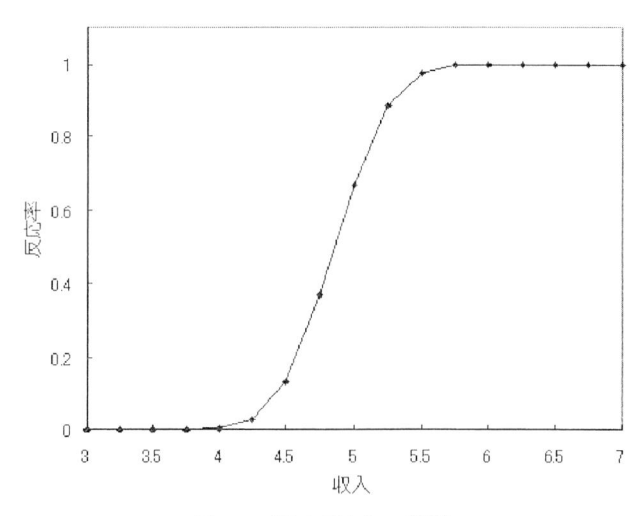

図 7.6 収入と反応率の予測値

7.4.2 顧客の維持戦略

顧客の維持は，顧客生涯価値を高めるための重要な活動の1つである．獲得した顧客をコア顧客に育成することができれば，その顧客は企業の収益に大き

な貢献をもたらす．近年では 20–80 の法則が広く知られている．これは売上げの 80%が 20%の優良顧客からもたらされることを意味するものである．もちろん業界によってその数字は変わるのであろうが，コア顧客から得られる売上げのシェアが大きいことは間違いない．

ただし，顧客の維持は簡単なことではない．特に激しい競争環境のもとでは，競合他社が自社の顧客を奪おうと優れた製品で攻撃してくる．また，顧客を維持するにはただ顧客を満足させるだけでは充分ではない．特に製品間の差別化の程度が低い市場では，自社の製品やサービスに満足した顧客でも簡単に他社の製品にスイッチする．顧客を維持するには，顧客を満足させる製品やサービスの品質の創出だけではなく，製品の独自性と適合性が求められる．つまり，競合他社が模倣できない要素を自社製品に持たせなければならないのである．そしてその要素は顧客にとって価値があり，ニーズに適合している必要がある．

適切な流通チャネルの確保も顧客維持に影響を与える．顧客が製品やサービスを購買しやすいようなチャネルを確保することができれば，維持率は上がると考えられる．また，近年では顧客の維持率を高めるためにフリークエントショッパーズプログラム (FSP) を実施する企業が増えている．FSP とは，例えば顧客に会員カードを配布し，一定の購入金額を達成すればカードに溜まったポイントに相当な報酬を与えるというプログラムである．このプログラムは顧客の購買を促し，それによって顧客のロイヤルティが強化される．

7.5 追加販売

7.5.1 追加販売の概念と戦略

企業が顧客生涯価値を高めるためには，新規顧客を獲得し維持しなければならないということをすでに述べた．本節ではもう 1 つ，顧客生涯価値を高めるための方法について解説する．それは既存顧客に対して追加的な製品やサービスを販売することである．企業が持っている顧客数が同じでも，追加販売によって顧客 1 人あたりの利益を高めることができる．

顧客に提供する製品やサービスによって，追加販売を 2 つに分けることができる．1 つはクロスセリングと呼ばれるもので，顧客がすでに購入した，ある

いは持っている製品と関連のある製品を販売することである．例えば，オンライン書店で「統計学入門」の書籍を購入した顧客に対して，「数理統計」，「線形代数」の書籍を推奨するというのが1つの例である．もう1つはアップセリングと呼ばれるもので，顧客がすでに購入した製品よりも上級のクラスの製品を販売することである．例えば航空会社のチケット販売戦略として，エコノミークラスを利用している顧客に対してビジネスクラスを利用するように勧めることが挙げられる．

既存顧客に対する追加的な製品やサービスの販売は，顧客生涯価値を上げるだけではなく，他にもメリットをもたらす．それは，顧客がよりたくさんの製品を購入することによって自社ブランドに対するマインドシェアが強くなり，最終的にブランドロイヤルティが強化されるということである．また顧客の自社製品に対する親近感が生じ，これが他社のオファーに対するスイッチングコストとなるので維持率が上がるというメリットもある．

上述したとおり，追加販売は顧客生涯価値を高めるための重要な要素の1つである．しかし，ただむやみに製品またはサービスを顧客に押し付けるだけでは効果的な追加販売は達成できない．効果的に追加販売を行うには次のような戦略が必要である．

1) 製品やサービスの決定：追加的に販売する製品やサービスのタイプや数を決定する．
2) ターゲット顧客の設定：追加販売に反応しそうな顧客グループを特定する．
3) 製品やサービスのマーケティング：販売とコミュニケーションの方法やチャネルを調査する．

追加販売の実施にあたり，まず最初に，販売する製品やサービスを決定する必要がある．製品やサービスによって顧客の反応率が変わってくるので，当然，顧客の反応が期待できる製品やサービスを選択しなければならない．そのためには，例えば顧客がすでに購入した製品と適合性の高い製品を選択するという方法がある．また，提供する製品やサービスの数が多ければ多いほど，よりたくさんの利益を得ることができるが，あまり数が多すぎると顧客の混乱を招く恐れがあるので，最適な製品数を決めなければならない．次に，追加販売の効率性を上げるために，ターゲット顧客を選定しなければならない．すべての顧

客が追加販売に対して反応するわけではないから,反応率の高い顧客を特定しターゲットにしなければならない.その方法は 7.5.3 項で説明する.最後に,製品やサービスを顧客に販売する段階になる.販売方法としてはダイレクトメールや店頭販売,訪問販売など様々なものがある.企業は,可能な販売方法についてその効果と費用を明確にし,効率的な販売方法と効果的なマーケティングコミュニケーションを策定しなければならない.

7.5.2 追加販売の分析

追加販売分析の目的は,追加販売を効果的に行うにはどうすればよいかを明確にすることにある.つまり,どのような顧客に対し,どのような製品やサービスを追加販売すればよいかという質問に答えを提供することである.追加販売の分析には,用いる方法やデータによって様々なものがある.そのうちの1つとして,クロス購買分析またはマーケットバスケット分析という分析方法がある.これは顧客の購買データを用いて,よく同時に買われる製品を抽出し,それらを追加販売の対象製品として用いるものである.次に,協調フィルタリングという分析方法がある.これは購買行動が似た顧客同士を特定化し,これらの顧客に提供する製品やサービスを決定するものである.例えばAさんとBさんが似た製品を購入しているとき,Aさんは購入しているがBさんが購入していない製品をBさんに追加販売する.レスポンスモデリングという分析方法もある.これは統計的なモデルを使って,追加販売に対し反応率の高い顧客を調べるものである.以下では追加販売の統計モデルについて説明する.

ここで取り上げる追加販売の統計モデルはロジスティック回帰モデルである (Pindyck and Rubinfeld, 1981; Hosmer and Lemeshow, 2000). このモデルを用いてどのような顧客に製品を追加販売すればよいかを明らかにする.追加販売への反応は顧客の特性に依存する.顧客の特性とは,例えば顧客の別の製品の所有,デモグラフィック変数,RFM 変数である.簡単のために顧客の特性として,別の製品の所有のみを考えよう.例えばある企業が製品 B を追加販売しようとする状況を考える.当該企業はすでに製品 A を販売しており,既存顧客の一部がこの製品を購入し所有しているとしよう.これから製品 A の所有の有無が製品 B の購入に影響を与えるかどうかを調べるが,このとき,以下の

ようなモデルを使う.

$$y_i = \alpha + \beta x_i + \epsilon_i \tag{7.26}$$

ここで y_i は,顧客 i が製品 B を購入すれば 1,購入しなければ 0 の値をとる変数である.x_i は,顧客 i が製品 A を所有しているとき 1,所有していないとき 0 の値をとるダミー変数である.α と β はともにパラメータを表しており,ϵ は誤差項を表している.上の式を見ればわかるように,説明変数 y_i は 0 か 1 の値しかとらないので通常の回帰分析は使えない.そこで y の条件付き期待値 $E(y|x) = \pi(x)$ を次のように定義する.

$$\pi(x) = \frac{e^{\alpha+\beta x}}{1 + e^{\alpha+\beta x}} \tag{7.27}$$

上の式をロジット変換すれば次のようになる.

$$\ln\left[\frac{\pi(x)}{1-\pi(x)}\right] = \alpha + \beta x \tag{7.28}$$

パラメータ α と β を推定しなければならないが,ここでは特にパラメータ β の値が重要である.もし $\beta > 0$ であれば,製品 A を所有している顧客が製品 B を購入する確率が高くなるということである.つまり,製品 B の追加販売にあたっては製品 A を購入し所有している顧客をターゲットにしなければならない.パラメータの推定には最尤推定法を用いることができる.その尤度関数は次のように書くことができる.

$$l(\alpha, \beta) = \prod_{i=1}^{n} \pi(x)^{y_i}(1-\pi(x))^{1-y_i} \tag{7.29}$$

上の尤度関数の対数をとれば次のように対数尤度関数を得ることができる.

$$\ln(l(\alpha,\beta)) = \sum_{i=1}^{n}[y_i \ln(\pi(x)) + (1-y_i)\ln((1-\pi(x)))] \tag{7.30}$$

パラメータの推定値は,対数尤度関数を最大にするような α と β を求めれば得ることができる.

R による分析例

ロジスティック回帰モデルを表 7.4 の仮想データに当てはめてみよう.

7.5 追加販売

表7.4は20人の顧客に対し製品Bを追加販売したときのデータである．この顧客には以前に製品Aを販売したことがあり，一部の顧客が購入した．なおデータでは，製品Aまたは製品Bを購入したとき1，購入しなかったとき0になっている．Rのコードおよび分析結果は図7.7に示す．

製品Aの購入のパラメータ推定値は2.197で，有意水準0.05で有意である．この結果を解釈するためにオッズ比 (odds ratio, OR) の概念を用いる．オッズ比は次式で示す．

$$OR = \frac{\frac{\pi(1)}{1-\pi(1)}}{\frac{\pi(0)}{1-\pi(0)}} = \exp(\beta) \tag{7.31}$$

表 **7.4** 追加販売の仮想データ

顧客番号	製品Bの購入	製品Aの購入	顧客番号	製品Bの購入	製品Aの購入
1	1	1	11	0	0
2	0	0	12	1	0
3	0	1	13	1	1
4	1	1	14	0	0
5	1	1	15	1	1
6	1	0	16	1	1
7	0	0	17	1	0
8	1	1	18	0	0
9	0	0	19	1	1
10	0	1	20	1	1

```
> data<-read.table("C:/RW/adonselling.txt",header=T)
> prom.nls<-nls(製品Bの購入状況~1/(1+exp(-a-b*製品Aの購入状況)),
   data,start=c(a=0,b=0))
> summary(prom.nls)
-------------------------------------------------------------------
Formula: 製品Bの購入状況 ~ 1/(1 + exp(-a - b * 製品Aの購入状況))

Parameters:
    Estimate  Std. Error  t value  Pr(>|t|)
a   -0.6931   0.6742     -1.028    0.3175
b    2.1972   1.1333      1.939    0.0684 .

Signif. codes:  0 '***' 0.001 '**' 0.01 '*' 0.05 '.' 0.1 ' ' 1
Residual standard error: 0.4495 on 18 degrees of freedom
Number of iterations to convergence: 4
Achieved convergence tolerance: 4.192e-10
-------------------------------------------------------------------
```

図 **7.7** ロジスティック回帰モデルのRコードと分析結果

ただし，$\pi(0)$, $\pi(1)$ はそれぞれ $x=0$, $x=1$ のときの $\pi(x)$ の値を表す．ここでオッズとは，製品 A を購入する確率を，購入しない確率で割った値であり，製品 A を購入した人が購入しない人に比べて何倍の確率で製品 B を購入するかを表すものである．上記の計算結果を使ってオッズ比を求めると $\hat{OR} = e^{2.197} = 8.99$ を得る．製品 A を購入した人は，購入しない人に比べて約 9 倍の確率で製品 B を購入することになる．

参 考 文 献

1) Berger, P. D. and N. I. Nasr(1998), "Customer life time value: Marketing models and applications," *Journal of Interactive Marketing*, **12**, 17–30.
2) Blattberg, R., G. Getz and J. S. Thomas(2001), *Customer Equity: Building and Managing Relationships as Valuable Assets*, Harvard Business School Press.
3) Gupta, S. and D. R. Lehman(2003), "Customer as assets," *Journal of Interactive Marketing*, **17**, 9–24.
4) Hosmer, D. W. and S. Lemeshow(2000), *Applied Logistic Regression (2nd ed.)*, John Wiley & Sons.
5) Pindyck, R. S. and D. L. Rubinfeld(1981), *Econometric Models and Economic Forecast (2nd ed.)*, McGraw-Hill.
6) Venkatesan, R. and V. Kumar(2004), "A customer life time value framework for customer selection and optimal resource allocation strategy," *Journal of Marketing*, **12**, 17–30.

索　　引

4つのP　6
5点尺度　45

ACA　113
action（行動）　79
AID　3, 6, 29
AIDツリー　33
AID分析　32
AIDMA　79
AISAS　79
ANOVA　166
ANOVAモデル　167
ASSESSORモデル　158
attention（注意）　79

BSS　32

CBC　113
CE　162
CFA　17
CLV　161
CPM　83
CRM　4, 160

DAGMAR　79
desire（欲求）　79

EFA　17
ERP　74

F 検定　169

F 分布　169
frequency　166
FSPデータ　2

GRP　83

ID付きPOSデータ　11
I.I.A.　122
interest（関心）　79
IRP　73

LPA　74

m 変量正規分布　149
MCIモデル　66
MCMC法　132
MDS　6, 45
memory（記憶）　79
monetary　166

One to Oneマーケティング　4, 128

PLC　113
PLS法　18
POP広告　91
POSシステム　2
POSデータ　2
PPM　105
Prodegyモデル　6, 21

recency　166

RFM 分析　6, 161, 165
RFM 変数　166
RP　72

S 字型　86, 96
SBU　105
SD 法　45
search（検索）　79
share（情報の共有）　79
SKU　5
SP　75
STP　28

TRACKER モデル　158
TSS　32

WSS　32

ア　行

アップセリング　176
アプリオリセグメンテーション　29

維持コスト　162
異質性　128
異質ブランド選択モデル　143
維持率　171
位置パラメータ　126
一様分布　149
一致係数　37, 38
イノベーター　155
イノベーター係数　156
イミテーター　155
イミテーター係数　156
イメージ価格　72
因果データ　2
因子軸の回転　18
因子の回転　48
因子負荷量　16, 48
因子分析　3
インセンティブ提供型　91
インターネット広告　83

インポータンスサンプリング　132

ウォード法　40
売上げ高比率法　80

エッカート–ヤングの定理　52

屋外広告　82
オッズ比　122, 179

カ　行

階層回帰モデル　145
階層的クラスター　36
階層ベイズモデル　132, 146
階層ベイズロジットモデル　147
階層モデル　146
外的参照価格　74
回転
　　因子の――　48
　　因子軸の――　18
価格閾値　74
価格カスタマイゼーション戦略　75
価格シグナリング　72
価格受容域　74
価格戦略　118
価格訴求型　91
価格弾力性　12, 62
価格バンドリング　72
可逆性条件　134
革新的採用者　153, 155
確信の度合い　129
確定的効用　118
獲得率　171
確率密度関数　148
カニバリゼーション　44
金のなる木　106
間隔尺度　37, 38
関心　153
間接効用　118, 119
完全条件付き事後分布　133

幾何平均　69
基準変数　30
既存顧客　160
既存製品　151
ギブスサンプリング　133
ギブスサンプリング法　133
帰無仮説　24, 169
逆ウィッシャート分布　145
供給業者の交渉力　43
競合状況　42
競合他社対抗法　81
強制的ブランドスイッチング　11
競争構造　21
協調フィルタリング　177
共通因子　14-16
共通性　128
共役事前分布　131
極端の回避　75
極値分布　119
寄与率　17, 48

口コミ　155
グッドマン–クラスカル　38
　──のガンマ係数　37
クラスター分析　3, 6, 36
クラスタリング　36
クラスタリングセグメンテーション　29
グループ間平方和　32
グループ内平方和　32
クロス購買分析　177
クロスセリング　175
群間平均法　40

経験効果　9
経験分布　134
経時的ディスカウント　72
計量 MDS　50
決定木　3
限界効用逓減の法則　118
限界収入　62
限界費用　63
限界利潤率　63

検証的因子分析　17
コイック型の分布ラグモデル　89
効果差モデル　68
後期多数採用者　154
攻撃力　13
広告　75, 76
広告キャンペーン　81
広告計画　77
広告効果測定モデル　85
広告残存効果　88
広告出稿　78
広告ストック　88
広告接触　82
広告戦略　78
広告短期効果　87
広告弾力性　64
広告長期効果　88, 89
広告内容　85
広告認知度　80
広告媒体　81
広告反応関数　86
広告目的　78
広告予算　80
交互効果　166
交差価格弾力性　11, 12
交差弾力性　13
交差弾力性モデル　68
交渉力
　供給業者の──　43
　消費者の──　43
交通広告　83
行動変数　30, 31
購入間隔　95
購入量　95
購買金額　161, 166
購買頻度　161, 166
購買履歴データ　5, 143
候補分布　134, 135
効用関数　117
効用最大化原理　119
小売吸引取引量　102

索　引

小売吸引力　103
小売プロモーション　91
顧客
　　——の獲得と維持　161
　　——の最新購買日　166
顧客維持　6, 175
顧客エクイティ　162
顧客獲得　6
顧客獲得分析　173
顧客価値　160
顧客関係性マネジメント　5, 160
顧客管理　160
顧客生涯価値　5, 161
顧客情報　143
コーザルデータ　2
個体間モデル　143, 144
個体内モデル　143
古典的コンジョイント分析　108
コーフェン距離　39
固有値　52
固有値分解　51
固有ベクトル　52
固有魅力度　69
コンジョイント分析　106
コンバースモデル　102

サ　行

最遠距離法　40
最近隣法　39
在庫管理単位　5
最小2乗推定　68
最適価格決定　62
最尤推定　121
最尤推定値　121
最尤法　18, 120
採用　153
　　製品の——　151
採用確率　155
採用決定時間　153
採用時期　151
採用遅滞者　154

サブマーケット　20
差別化マーケティング　43
参照価格　72
参入・退出コスト　9
サンプル提供　91

シェア弾力性　67
識別性条件　126
自己価格弾力性　12
事後情報　130
事後分布　130
　　完全条件付き——　133
支出可能法　80
市場開発戦略　104
市場機会　7
市場規模　9, 155
市場構造分析　11
市場修正　114
市場浸透　114
市場浸透戦略　104
市場の定義　11
市場プロファイル分析　10
市場ポテンシャル　9
事前情報　130
事前分布　130
　　非情報的な——　132
持続期間　88, 89
実験経済学　73
尺度パラメータ　126
主因子法　18
収穫戦略　114
収穫逓減の法則　13
集計データ　4
重心法　40
修正ハフモデル　102
集中的マーケティング　43
周辺確率　129
終末期　113
重要度　109
主効果　166
出稿パターン　84
出稿量　81

索　引

需要
　　——の先送り現象　94
　　——の先食い現象　94
受容/棄却法　132
順序尺度　37, 38
ジョイントスペースマップ　6, 55
試用　153
商圏　102
条件付き確率　129
商圏モデル　102
乗数型モデル　64, 66
状態空間　136
消費者異質性　128
消費者固有変数　147
消費者の交渉力　43
消費者プロモーション　91
情報提供型　91
情報提供型広告　77
初回購買　172
初期少数採用者　154
新規顧客　160
新規参入の脅威　42
新製品　151
新製品開発　158
人的販売活動　75, 76
浸透価格　72
心理学的アプローチ　72
心理的変数　30, 31

推移カーネル　134
水準　108
衰退期　1, 113
垂直的マーケティングシステム　102
スイッチングコスト　176
水平的市場構造　102
スキミング戦略　113
スター　105
ストレス　53
スポット広告　81

脆弱性　13
成熟期　1, 113

生存率　163
成長期　1, 113
製品
　　——の採用　151
　　——の普及　151
製品開発戦略　104
製品カテゴリー　93
製品差別化　63, 160
製品差別化戦略　63
製品市場マトリックス　105
製品修正　114
製品ライフサイクル　1, 78, 151
製品ライン　75
セグメンテーション　4, 28
セグメント　29
接近可能性　30
切断されたポアソン回帰モデル　95
切断正規分布　144, 148
説得型広告　77
セールスプロモーション　75, 76, 90
前期多数採用者　154
線形型　86
線形モデル　64, 66
選好順位　109
選好順序　106
選好度　56
選好マップ　55
潜在顧客　93
潜在的効用　140
潜在変数　127, 137, 139
全体効用　107
全体平方和　32
選択ベースコンジョイント　113
戦略的アプローチ　71
戦略的事業単位　105

相関係数行列　15
相対効用　125
訴求ポイント　91
属性　108
属性データ　45
属性データアプローチ　45

索 引

測定可能性　30
損失回避行動　72, 73
損失領域　73

タ 行

代替品の可能性　43
体験型　91
対数中央化変換　69, 70
大数の法則　132
第2市場ディスカウント　72
対立仮説　24
多角化戦略　104
ターゲットオーディエンス　84
ターゲットマーケティング　128
ターゲティング　6, 28
ターゲティング戦略　43
多項ブランド選択モデル　126
多項ロジット型シェアモデル　66
多項ロジットモデル　121
多次元尺度法　3, 6, 45
タスク法　80
多変量解析　21
多変量正規分布　145
ダミー変数　108
探索コスト　71
探索的因子分析　17

知覚マップ　6, 12, 20, 49, 55
知覚リスク　152, 156
中心極限定理　24
直接効用　118, 119
直交配置　110
直交表　110
チラシ　91
地理的価格　72
地理的変数　30, 31

追加販売　6, 161, 175
追随者　155

低価格戦略　114

逓減型　86, 96
逓増型　87, 96
定理
　エッカート-ヤングの——　52
　ベイズの——　129
適応的コンジョイント　113
データ拡大　137, 139
データ情報　130
デモグラフィック変数　30, 31
店頭価格　74
デンドログラム　36

統計モデル　130
同時確率　129
導入期　1, 113
独自因子　16, 48
共食い　44
トライアル購買　173
取引きコスト　71
トレードプロモーション　91

ナ 行

内積行列　51
内的参照価格　73, 74
内部環境分析　9

二項ブランド選択モデル　126
ニーズ　7
認知　153
認知率　78

値ごろ感　72
値引率　100

ハ 行

ハザード関数　163
ハザードモデル　95, 163
パスモデル　155
ハフモデル　102
パブリシティ　75, 76

バリマックス回転　48
パレート法則　5
番組間広告　81
番組内広告　81
反応率　170
反復購入モデル　152
反復購買　93

ピアソンの相関係数　37, 38
非階層的クラスター　36
非情報的な事前分布　132
ヒストグラム　134
非線形最適化　68
評価　153
非類似度　37

ファイ係数　37
ファイブフォース分析　42
部分効用　106
不変分布　134
ブランド価値　125
ブランドスイッチ　11
ブランドスイッチング　92
ブランド遷移データ　25
ブランド選択確率　119, 121
ブランド選択データ　139
ブランド選択モデル　4, 117, 120
フリークエンシー　83
プレミアム価格　72
プロスペクト理論　73
プロダクトポートフォリオマトリックス　105
プロダクトマップ　12, 20
プロダクトマネジメント　113
プロダクトライフサイクル　113
プロビットモデル　6, 119
プロファイル　111
プロモーション効果モデル　95
プロモーション手段　90
分布関数　148

ベイズ統計　6, 130

ベイズ, トーマス　129
ベイズの定理　129
ベイズモデリング　128
ベースライン　125

法則
　限界効用逓減の——　118
　収穫逓減の——　13
　大数の——　132
補完的価格　72
ポジショニング　6, 28, 44
ポジショニング分析　44, 55

マ　行

マークアップ原理　63
負け犬　106
マーケットシェア　65
マーケットシェア弾力性　67
マーケットセグメンテーション　6
マーケットバスケット分析　177
マーケティング努力　66
マスコミ4媒体　81
マスマーケティング　4
マルコフ連鎖　134
マルコフ連鎖モンテカルロ法　6

魅力度　66
魅力度モデル　66

無関係な代替案からの独立　122
無構造市場　22, 24
無差別マーケティング　44

名義尺度　37, 38
メディアン法　40
メトロポリス−ヘイスティングスサンプリング　133, 134

モーメント法　17
問題児　106
モンテカルロ積分　132

ヤ 行

ヤング–ハウスホルダー変換 51

尤度 130
尤度関数 120
ユークリッド距離 38

ラ 行

ライフサイクル 113
ライフサイクルマネジメント 1, 3
ライフスタイル 8
ラテン方格 110
ランダムウォークアルゴリズム 135
ランダムディスカウント 71

離散選択モデル 117
利潤方程式 63
リスク 9
理想点 56
理想点モデル 56
理想ベクトル 57
理想ベクトルモデル 56

リーチ 83
利得領域 73
リピート購買 172
リマインダー型広告 77
流通チャネル 102
留保価格 71

類似度 37
類似度データ 45
類似度データアプローチ 45

レイリーモデル 102
連結 106

ロイヤルティ 76, 175
ロジスティック回帰モデル 177
ロジスティック曲線 86
ロジットモデル 6, 119
論理的整合性条件 66

ワ 行

ワイブル分布 163

著者略歴

照井 伸彦（てるい・のぶひこ）
1958年　宮城県に生まれる
1990年　東北大学大学院経済学研究科博士課程修了
現　在　東北大学大学院経済学研究科教授
　　　　経済学博士

ウィラワン・ドニ・ダハナ（Wirawan Dony Dahana）
1976年　ジャカルタに生まれる
2006年　東北大学大学院経済学研究科博士課程修了
現　在　大阪大学大学院経済学研究科講師
　　　　経営学博士

伴　正隆（ばん・まさたか）
1980年　宮城県に生まれる
2007年　東北大学大学院経済学研究科博士課程修了
現　在　目白大学経営学部経営学科専任講師
　　　　経営学博士

シリーズ〈統計科学のプラクティス〉3
マーケティングの統計分析　　　　定価はカバーに表示

2009年9月25日　初版第1刷
2020年6月25日　　　第6刷

著　者　照　井　伸　彦
　　　　Ｗ．Ｄ．ダ　ハ　ナ
　　　　伴　　　正　　　隆
発行者　朝　倉　誠　造
発行所　株式会社 朝　倉　書　店
　　　　東京都新宿区新小川町 6-29
　　　　郵便番号　162-8707
　　　　電　話　03(3260)0141
　　　　ＦＡＸ　03(3260)0180
　　　　http://www.asakura.co.jp

〈検印省略〉

© 2009〈無断複写・転載を禁ず〉　　中央印刷・渡辺製本

ISBN 978-4-254-12813-0　C 3341　　Printed in Japan

JCOPY ＜出版者著作権管理機構 委託出版物＞
本書の無断複写は著作権法上での例外を除き禁じられています．複写される場合は，そのつど事前に，出版者著作権管理機構（電話 03-5244-5088, FAX 03-5244-5089, e-mail: info@jcopy.or.jp）の許諾を得てください．

好評の事典・辞典・ハンドブック

数学オリンピック事典	野口 廣 監修	B5判 864頁
コンピュータ代数ハンドブック	山本 慎ほか 訳	A5判 1040頁
和算の事典	山司勝則ほか 編	A5判 544頁
朝倉 数学ハンドブック［基礎編］	飯高 茂ほか 編	A5判 816頁
数学定数事典	一松 信 監訳	A5判 608頁
素数全書	和田秀男 監訳	A5判 640頁
数論＜未解決問題＞の事典	金光 滋 訳	A5判 448頁
数理統計学ハンドブック	豊田秀樹 監訳	A5判 784頁
統計データ科学事典	杉山高一ほか 編	B5判 788頁
統計分布ハンドブック（増補版）	蓑谷千凰彦 著	A5判 864頁
複雑系の事典	複雑系の事典編集委員会 編	A5判 448頁
医学統計学ハンドブック	宮原英夫ほか 編	A5判 720頁
応用数理計画ハンドブック	久保幹雄ほか 編	A5判 1376頁
医学統計学の事典	丹後俊郎ほか 編	A5判 472頁
現代物理数学ハンドブック	新井朝雄 著	A5判 736頁
図説ウェーブレット変換ハンドブック	新 誠一ほか 監訳	A5判 408頁
生産管理の事典	圓川隆夫ほか 編	B5判 752頁
サプライ・チェイン最適化ハンドブック	久保幹雄 著	B5判 520頁
計量経済学ハンドブック	蓑谷千凰彦ほか 編	A5判 1048頁
金融工学事典	木島正明ほか 編	A5判 1028頁
応用計量経済学ハンドブック	蓑谷千凰彦ほか 編	A5判 672頁

価格・概要等は小社ホームページをご覧ください．